Aux Capucins
de St honoré

2976 Doublet

14370

Chauveau In. Daret Sc.

LETTRES
CHOISIES
DV SIEVR
DE BALZAC.
PREMIERE PARTIE.

Aux
Capucins
de St.
honoré

A PARIS,
Chez AVGVSTIN COVRBE', dans la
petite Sale du Palais, à la Palme.

M. DC. XLVII.
AVEC PRIVILEGE DV ROY.

ADVERTIS-
SEMENT.

LE Monde est plein de belles paroles. On trouue par tout de la rhetorique & du haut stile. Le bien dire & le bien escrire sont choses auiourd'huy aussi communes, qu'elles estoient rares au temps passé. Mais de ces belles paroles, dont le Monde est plein, il ne se recueille d'ordinaire que

ADVERTISSEMENT.

peu de sens. Noſtre rhetorique fait ſouuent effort à monſtrer que nous ſommes foibles, & noſtre haut ſtile deſcouure noſtre petiteſſe, en nous eſleuant. Ie ne voy preſque perſonne qui s'explique mal, & preſque perſonne qui penſe bien.

Cette derniere qualité, moins vulgaire que la premiere, appartient, ſans contredit, à l'Autheur des LETTRES que i'ay CHOISIES. Et quoy qu'il ne faille point chercher ailleurs que dans le choix que i'ay fait, la pureté, la delicateſſe, l'harmonie de la langue que nous parlons, ce n'eſt pas. neantmoins, par là que ie vous veux faire

ADVERTISSEMENT.

valoir mon present. Les sons agreables s'arrestent dans les oreilles: Mais les sentimens excellens passent plus auant, & penetrent iusqu'à la plus secrete partie de l'ame. La raison se nourrit de la raison, & ce ne sont pas les musiques ni les tableaux, où le vray homme trouue son veritable plaisir. Ie luy presente donc des obiets solides, & des voluptez dignes de luy. Il y a icy du sang, de la vie, & de l'esprit; au lieu que dans plusieurs ouurages que le Peuple a estimez, il n'y auoit que des couleurs, de l'apparence, & ie ne sçay quel mouuement forcé, qui se faisoit par ressorts, & venoit

Advertissement.

de loin. Ie vous donne vn corps naturel, sain & vigoureux; vne beauté animée & pleine de suc, vne Helene fille de Iupiter, & non pas vne Helene de la main d'vn Peintre.

Rien ne sent icy le Charlatan; Tout y est marqué du caractere d'honneste-homme, bien que ce soit quelque-fois vn honneste-homme chagrin, tres-mal satisfait de sa personne, plus noir que les Nuits dont il se plaint. Mais cette vapeur noire n'empesche pas son esprit de luire : Il communique sa vertu aux choses qu'il touche & ne prend pas leurs defauts : Il dore les nuages qu'il ne veut pas dissiper. Vne fem-

ADVERTISSEMENT.

me Illustre m'a dit autre-fois de luy, qu'il donnoit de l'agrément aux obiets les plus vilains & les plus disgraciez, parce que les Graces, & luy, ne se quittoient point, & qu'il n'y auoit pas moyen qu'il se peust défaire d'elles. Elle disoit vray; Les Graces habitent dans ses papiers: Quoy qu'il puisse escrire, il ne sçauroit les chasser de ce qu'il escrit: sa mauuaise humeur mesme est teinte de leur impression, & il plaist en se faschant.

Que ne fait-il point quand il a dessein de plaire? Vous auez veû son Discours de la Conuersation des Romains, c'est à dire la plus parfaite Idée qui se

ADVERTISSEMENT.

puisse voir. Si ie ne me trompe, vous verrez maintenant cette idée mise en pratique. Vous verrez quelle est la noble & l'innocente raillerie ; celle qui chatoüille sans choquer ni mordre; dont l'vn tient du rustique, & l'autre du malicieux. Vous verrez beaucoup d'autres choses, desquelles ie ne vous aduertis point, qui vous surprendront auec plaisir: Et ie ne puis pas m'imaginer qu'il y ait rien eu ni de plus honneste, ni de plus spirituel, ni de plus galant dans les Conuersations de Lælius, de Volumnius, de Papirius Pætus, que dans les Lettres que i'ay recueillies. Celuy qui les a escrites

ADVERTISSEMENT.

y garde vn si iuste temperament d'esprit & de stile ; Il s'y esleue auec tant de douceur ; Il s'y abaisse auec tant de dignité : Sa familiarité y est si discrete ; Ses respects y sont si peu seruiles, que ie ne doute point que cette maniere ne desgouste pour iamais le Monde, des excés de certains Declamateurs, qui ne peuuent louër sans lascheté, ni blasmer sans calomnie ; qui ne connoissent point de milieu entre le Phebus de la vieille Cour, & le langage du menu Peuple ; qui croyent que pour ne pas tomber dans la bouë il se faut perdre dans les nuës.

La plus-part des Lettres sont

Advertissement.

des Conuersations par escrit: Et par consequent comme il n'est pas permis de prescher à l'oreille & en habit court, il me semble qu'on doit éuiter la mesme indecence dans ce genre d'escrire paisible, & qui ne souffre pas volontiers vne eloquence qui fait du bruit. Il faut faire difference entre les tempestes du Barreau & le calme du Cabinet : Il ne faut pas employer le caractere sublime, où l'on n'a besoin que du mediocre. Mais qu'on ne s'y trompe pas ; celuy-cy n'est pas le moins difficile, ni le moins louäble, & ie m'asseure que les experts du mestier m'auoüeront que tel compliment leur a plus

Advertissement.

cousté que telle harangue.

Les grandes matieres contribuënt & fourniſſent à l'eſprit: Elles luy donnent ſouuent autant qu'elles reçoiuent de luy. Les petites, au contraire, ne ſe souſtiennent que de ce qui leur eſt preſté, & demeurent viles & chetiues, ſi on ne les met en honneur, en les tirant de leur pauureté. Prier le Maire d'vne ville de faire r'abiller vn mauuais chemin ; recommander vn procés à vn Preſident ; demander à vn Intendant de Iuſtice la décharge d'vn Aisé, ou la diminution des tailles d'vne Paroiſſe ; remercier vn Amy d'vne faueur qu'il a faite, ou qu'il

ADVERTISSEMENT.

a voulu faire, ne sont pas matieres qui soient gueres capables des belles formes, ni qui puissent reüssir en toutes sortes de mains. C'est pourtant en ces petites matieres où l'esprit paroist veritablement grand, & plus grand, sans comparaison, qu'il ne fait ailleurs, parce que c'est d'une grandeur propre & non empruntée, & qu'à faire beaucoup de presque rien, il y a une espece d'imitation de la puissance de celuy qui crée.

Ie ne parle donc point de la force de ce grand esprit, quand elle s'exerce sur des suiets qui luy sont proportionnez, & qu'il la desploye en toute son esten-

Advertissement.

duë dans les vastes carrieres de la Politique & de la Morale. Ie ne le considere point, quand il iuge des Autheurs & des Liures si finement ; quand il debite des opinions si subtiles & si delicates, & tout ensemble si solides & si saines ; quand il traite de l'Antiquité du Christianisme, de la Gloire, de l'Authorité, de la Vertu Romaine, de la Cour d'Auguste, & de la faueur de Mecenas ; quand il console le Cardinal de la Valette, ou qu'il se console luy-mesme. Il y a vne infinité de pareils endroits dans ses Oeuures diuerses, & dans quelques-vnes de ses Lettres, où l'on peut

ADVERTISSEMENT.

voir iusqu'où peut aller la force de l'esprit humain. Mais c'est vne force ouuerte, declarée & entreprenante que celle-là: I'estime encore plus sa force adoucie, retenuë & dissimulée ; qui n'agit pas moins, & qui ne se remuë pas tant: I'estime plus ses mains toutes seules que ses mains & ses machines.

Il ne m'est pas défendu de publier ma bonne fortune: Il y a trente-cinq ans pour le moins que i'ay l'honneur de sa confidence. Ie l'estudie & ie l'admire depuis ce temps-là. Mais en conscience, ie ne l'auois point tant admiré que dans l'Inuentaire de ses papiers negligez, qu'il me permit

ADVERTISSEMENT.

permit de faire l'année paßée. I'ay mis à part quantité de Lettres & de billets, & comme vous tesmoigne le titre du Liure, i'ay choisi ce que ie vous donne. Vn autre eust choisi, peut-estre, ce que i'ay laißé. Car il est certain qu'il seroit bien difficile de trouuer de l'inegalité dans ses Escrits. Tout y est absolument bon, quoy que ce soit d'vne differente sorte de bonté. Vn bouquet, vne paire de gans, vne affaire d'vn escu ne luy fournißent pas moins dequoy plaire que toute la gloire & toute la grandeur des Romains. Il donne de la nouueauté & comme

ADVERTISSEMENT.

vne fleur de ieuneſſe, à des matieres fleſtries par l'vſage, corrompuës par le Galimatias, auſſi vieilles & caduques que le Monde, qui s'eſt toujours plaint, qui a toujours prié, & toujours remercié. Dans le fonds des Complimens, eſpuisé par les Anciens & par les Modernes, ie puis dire qu'il a deſcouuert des veines cachées, & vne fertilité inconnuë. Et pour concluſion de mon diſcours, ie puis dire de ſon eſprit quand il ſe relaſche, & de ſon ſtile quand il ſe familiariſe, ce qu'vn Poëte a dit d'vne Princeſſe, qui s'habilla en Bergere :

ADVERTISSEMENT.

Non copre habito vil la no-
 bil luce,
E quanto è in lei d'altero e
 di gentile;
E fuor la maestà regia tra-
 luce
Per gli atti ancor de l'esser-
 citio humile.

EXTRAIT DV PRIuilege du Roy.

AR Lettres Patentes du Roy, données à Paris le 28. Ianuier mil six cens quarante sept; Il est permis *au sieur de Balzac*, Conseiller de sa Maiesté en ses Conseils; de faire imprimer, vendre & debiter en tous les lieux de son obeïssance, Diuerses Lettres par luy composées, sous le titre de *Lettres Françoises choisies*; & ce par tel Imprimeur ou Libraire, en telles marges, en tels caracteres, en vn ou plusieurs volumes, & autant de fois qu'il voudra, durant *Vingt ans* entiers, à compter du iour que chaque volume sera acheué d'imprimer pour la premiere fois,

auec deffences à toutes perſonnes de quelque qualité & condition qu'elles ſoient, de les Imprimer, vendre, ni debiter, ſous quelque pretexte que ce ſoit, pendant ledit temps, ſans le conſentement dudit ſieur de Balzac, ou de ceux qui auront ſon droit ; à peine de ſix mil liures d'amende, de confiſcation des exemplaires contrefaits, & de tous deſpens, dommages & intereſts, comme il eſt porté plus au long par leſdites Lettres patentes ; à l'Extrait, & aux copies collationnées, deſquelles ſa Maieſté veut que foy ſoit adiouſtée, comme à l'Original.

 Signé, PAR LE ROY EN SON CONSEIL, CONRART.

 Et ſcellé du grand Sceau de cire jaune, ſur ſimple queuë.

 Et ledit ſieur de Balzac a cedé & tranſporté ſon droit à Auguſtin Courbé, Marchand Libraire à Paris, pour Imprimer & vendre *Deux volumes desdites Lettres choisies*, seulement, conformément aux clauses, & pour le temps porté par ledit Priuilege, suiuant l'accord fait entr'eux.

Acheué d'Imprimer pour la premiere fois le 1. iour de Iuillet 1647.

LETTRES CHOISIES
DV S.r DE BALZAC.
LIVRE PREMIER.

A MONSIEVR
de S.t Chartres, Con.er du
Roy au Grand Conseil.

LETTRE I.

MONSIEVR,
Ie ne sçay pourquoy vous-
vous obstinez à m'aymer. Mes
A

inciuilitez vous deuroient auoir rebuté, & ie ne voy point de raison, qui vous oblige à rechercher le moins sociable & le plus inutile de tous les hommes. Il faut que ce soit vne inclination bien forte & bien desinteressée, qui vous attache à vn sujet si peu attrayant, & qui vous face porter vos soins iusqu'en ce Desert, où il n'y a ni disposition à les receuoir, ni reuanche pour les reconnoistre. Ie ne suis pas fasché que la lettre dont il s'agit, vous ait plû; mais ie le serois extrémement, si l'ayant escrite, afin de n'en plus escrire, elle auoit vn succés contraire à mon intention, & si elle me reiettoit dans l'embarras des complimens, d'où ie pensois m'estre sauué pour toute ma vie. Accusez-moy de mauuaise humeur, tant qu'il vous plaira, ie hay à mort le mestier qui m'a mis en reputation. Ie me suis défait de toutes mes Hyperboles & de toutes mes Antitheses. Et partant, quoy que ie sois obligé à la personne dont vous me parlez, ie me ferois vne extreme violence, s'il falloit que ie fisse aupres d'elle le bel esprit, & que ie luy escriuisse des lettres, sans matiere & sans occasion. Ie vous supplie donc, puis que ie sçay que mon repos vous est cher, d'en destourner par vostre dexterité semblables orages, & de changer en cét office celuy que vous desirez me rendre auprés de Monsieur le premier Commis. Il y a deux ans qu'on ne s'est souuenu de moy chez Monsieur son Maistre; & si depuis ce temps-là ie n'auois vescu que des Rescriptions de l'Espargne, vous m'auoüerez que i'aurois fait fort mauuaise chere. Ie serois aussi maigre & aussi aride que tout ce que songea le Roy Pharaon, & qu'interpreta le Patriarche Ioseph. I'eusse pû choisir des comparaisons à ma secheresse dans vne Epigramme de Martial, que nous auons leüe autrefois ensemble: Mais i'ay voulu vous faire voir en passant, que i'estudiois en Hebreu, & que ie me sçauois seruir des façons de parler de quelques Rabins de ma connoissance. Ce jargon vous monstrera encore par sa gayeté, que ie ne fais point le mescontent. Mais aussi de faire le satisfait, & de vouloir estre de la Cour par mes lettres, puis que ie n'en suis plus par ma pension, ce seroit vn contre-temps, dont les Rieurs se pourroient entretenir, sans que ie le deusse trouuer mauuais. Si on me paye, i'auray obligation au Payeur; & ne sçauray mauuais gré à personne, quand on ne me payera pas. Ie trouue icy de solides consolations à des disgraces mille fois plus grandes ; & ie serois ingrat enuers la Philosophie, si ayant reçeu d'elle beaucoup plus de bien que ne m'en a refusé la Fortune, ie me plaignois en cét estat-là de qui que ce soit. C'est de vous, Monsieur, que ie me loüe extrémement, & faites-moy aussi la faueur de croire que ie suis & seray toujours auec vne extreme passion,

Vostre, &c.

Le 18. Ianuier 1639.

A MONSIEVR
de Bois-Robert Metel,
Abbé de Chaſtillon.

LETTRE II.

Monsievr,
Ie me plains de vos ſcrupules, & vous offenſez mon affection, de me dire que vous ne la cultiuez pas, comme vous deuriez. Elle a de trop bonnes racines, pour auoir beſoin d'vn entretenement ſi curieux : penſez-vous qu'elle ſoit de ces plantes delicates, qui ſe

fleſtriſſent ſi on manque vn iour à les arrouſer? Les choſes fortes demandent des ſoins moins aſſidus, & c'eſt leur propre fermeté qui les aſſeure, & non pas la diligence d'autruy. Ie ne veux point vous donner de peine à me garder; Laiſſez-moy ſur ma foy, & vous ne me perdrez iamais. Il ſuffit que ie ſçache que vous m'aymez, & ie vous auoüe que i'ay de ſi ſolides preuues de cette verité, qu'il ne m'eſt pas permis d'en douter. Ne vous ſouciez point du reſte, qui n'eſt point eſſentiel. Les paroles ne ſont plus les marques des intentions. Il y a vn commerce de fumée, qui s'exerce par lettres, auſſi bien que de viue voix; & le plus honneſte homme que i'aye veû en Italie, ne décachetoit pas ſeulement celles qu'on luy apportoit aux *bonnes Feſtes*, (vous ſçauez la couſtume de ce païs-là.) C'eſtoit connoiſtre le iuſte prix des bagatelles, & les eſtimer ce qu'elles valent: C'eſt rendre iuſtice aux Complimens, de ne les pas lire quand on les reçoit, puis qu'on n'y ſonge pas quand on les eſcrit. Et pour moy, ie fais ſi peu d'eſtat de ces affections en peinture, que s'il eſtoit poſſible de rien aiouſter à la bonne opinion que i'ay de voſtre generosité, i'y aurois pris plus de confiance, depuis qu'elle me traite auec moins de ceremonie & moins de discours. Il est honteux d'auoir vieilly dans vne parfaite vnion de volontez, & d'en estre encore aux protestations, c'est à dire aux premiers elemens de l'Amitié. Laissons-les à ceux qui prennent plaisir à redire les mesmes choses, ou qui ont affaire à des amis incredules & difficiles à persuader. Cela est fait il y a long temps entre vous & moy; Et puis que nous auons obtenu la fin, pourquoy nous tourmenter tousiours apres les moyens, & ne laisser iamais en paix noſtre rhetorique? Croyez-moy, & nous-nous en trouuerons bien: Il faut poſer ces communs principes vne fois pour toutes, & ne les remuër qu'en cas de neceſſité: Le premier, que vos affaires auroient beſoin de plus de vint-quatre heures par iour, & que mon oyſiueté en voudroit encore dauantage: L'autre, que vous eſtes & ſerez mon amy dans voſtre cœur, ſans en prendre acte inutilement par des ciuilitez incommodes, comme ie ſuis & ſeray de la meſme ſorte,

MONSIEVR,
     Voſtre, &c.

Le 22. Aouſt 1640.

12 LETTRES CHOISIES

A MONSIEVR
du Puy, Conseiller du Roy en ses Conseils,
&
Bibliothecaire de sa Maiesté.

LETTRE III.

MONSIEVR,
Estimant infiniment l'honneur que i'ay d'estre aymé de vous, ie suis bien glorieux des belles marques qu'il vous a pleu de m'en enuoyer ; Et

quoy que pour l'essentiel de la chose, vostre probité m'en asseure assez la possession, ie suis bien-aise pour l'ornement de mon cabinet, que vostre courtoisie m'en donne des tiltres. Ie les ay reçeus auec le tesmoignage auantageux que vous auez rendu de mon Liure, & ie fais bouclier de ce tesmoignage contre tous les Arrests & toute l'iniquité des mauuais Iuges, dont vous me parlez. Ie ne vise point à l'approbation vniuerselle : Les Heros mesmes ont mal reüssi en ce dessein. La gloire la plus iuste & la mieux acquise, a esté contestée & mise en dispute. I'ay veû dans les

Tragedies d'Euripide vn galand homme, qui accuse Hercule d'estre poltron: C'est à dire que parmy les hommes il y a eu vn homme qui n'a pas esté de l'aduis du genre humain, & qui a donné vn desmenty à toute la Terre. Le POVR & le CONTRE sont venus au Monde auec le MIEN & le TIEN, & la Raison n'est pas plus ancienne que l'Anti-raison. Les saines opinions n'ont iamais esté en paix: La Malice & l'Ignorance se sont tousiours armées pour les attaquer: Et encore auiourd'huy combien de Schismes, de Sectes & d'Heresies, qui font la guerre à la pauure Verité?

Celle qui a pour obiet la fainteté de la Religion & de fes Myfteres, eft bien de plus grande importance que celle qui ne regarde que le caractere de la Comedie & la pureté du ftile. Et neanmoins, pour vn bienperfuadé, on conte cent Mefcreans, & tout eft contredit fous le Ciel, voire mefme ce que Dieu a dit. Il faut chercher ailleurs l'vnité des fentimens: Icy ne fe trouue que la diuerfité & la bigarrure, & tant qu'il y aura des teftes & des paffions, il y aura des difputes & des procés. Ie tiens tous les miens gagnez, puis que vous me faites l'honneur d'en appuyer le bon droit, & que c'est chez Monsieur de Thou, & non pas chez Monsieur de ★★★ que s'assemble le vray & le legitime Senat, qui a droit de iuger de nos affaires de Liures. Au pis aller, ie ne prens pas les choses si à cœur que vous pourriez vous imaginer. Escriuant moins pour les autres que pour moy, qui ay besoin de piquer par là mon repos, de peur qu'il ne deuienne letargie, ce me sera assez que vostre bonté souffre mes Escrits, comme vne recette qui m'a esté ordonnée par les Medecins, & que vous me faciez la faueur de croire qu'il n'est pas necessaire d'estre parfaitement

faitement eloquent, pour estre parfaitement, comme ie suis,

MONSIEVR,

Vostre, &c.

Le 26. Octobre 1644.

A MONSIEVR
d'Argenson, Conseiller du Roy en ses Conseils, Intendant de la Iustice, Police & Finances en Poitou, Saintonge, Aunix, &c.

LETTRE IV.

Monsievr,

Ie ne suis pas si obscur que ie pensois, puis que l'homme du Roy me traite d'Illustre, & ie dois me conter pour quelque chose, puisque du haut de voſtre Intendance vous faites deſçendre vos ſoins iuſques dans les vallons de mon Hermitage. De vous rendre conte particulier de ce que i'y fais, c'eſt ce que ie n'oſerois entreprendre, & la Relation ſeroit peu digne de la curioſité d'vn homme, qui connoiſt toutes les Cours & tous les Eſtats. Il faut pourtant vous obeïr, & vous dire vn petit mot, ou de ce que ie fais, ou de ce que ie ne fais pas. Ma vie, Monſieur, eſt vn morne aſſoupiſſement, interrompu neantmoins, par quelques viſions aſſez agreables. Ie n'ayme point la Chaſſe, com-

me la plufpart de mes voifins:
Ie n'entends point l'Agriculture, comme noftre Monfieur
d'Andilly : Ie n'ay point de
Nymphe domeftique, pour me
defennuyer auec elle, comme
le bon-homme Numa & le
bon-homme des Yueteaux : Ie
ne fçay ni le Hoc, ni la Prime,
ni le Trictrac. Si bien qu'il
m'eft forcé de mediter quelquefois fur les liures, pour ne
pas toufiours languir dans l'oyfiueté. Mais il faut de plus que
vous fçachiez, que tout ce que
ie medite ne fe perd pas, en le
meditant : I'employe du papier
& vn copifte : I'enuoye de temps
en temps à mes bons Seigneurs

& amis, dequoy iuſtifier mon loiſir, ou pour le moins dequoy l'excuſer. Puis que vous deuez eſtre à Poitiers le quinzieſme de ce mois, vous y receurez vn preſent de cette nature : Et ſi mon carroſſe n'eſtoit boiteux par la perte que i'ay faite de deux cheuaux, ie ferois moy meſme le porteur de ma marchandiſe, & vous aſſeurerois en perſonne, que ie ſuis auec autant de chaleur que ie fus iamais,

MONSIEVR,

Voſtre, &c.

Le 1. Aouſt 1645.

A MONSIEVR
l'Abbé Talon.

LETTRE V.

MONSIEVR,
Si Monsieur de ★★ ne m'asseuroit de voſtre indulgence, ie n'oſerois me preſenter deuant vous, apres vne pareſſe de tant de ſiecles. Vous voyez comme le remors d'auoir failly me fait conter le temps qu'a duré ma faute. Elle ſeroit irremiſſible dans la regularité des

complimens de delà les Monts, & dans la Morale d'Italie. Mais ie veux croire que vous donnez quelque chose à la liberté Françoise: Vous sçauez qu'en Italie mesme il y a eu autresfois vn galand homme, qui composa vn Hymne *à la Deesse Paresse*, & qui fit gloire d'estre le Prestre de cette Deesse. Ie n'ay pas vne si mauuaise ambition que luy, & ne luy veux point disputer son Benefice. Mon chagrin est vn peu moins extrauagant. Et quoy que ce Temple inaccessible à toutes sortes de Courriers & de Messagers, de Nouuelles & de Lettres, me semble souuent vne belle chose, i'auoüe qu'il ne sçauroit subsister que sur les rüines de la Societé & de la Police. Ie reconnois mon deuoir, encore que ie ne le face pas. Il est vray que ie suis quelquefois enchanté des années entieres, & que ie n'ay pas plus de communication auec mes plus chers amis & mes plus proches voisins, qu'auec nos ennemis d'Espagne & les Peuples separez de nous de toute l'estenduë de la Mer. Mais il est vray aussi que dans mon plus grand assoupissement ie prens plaisir que l'on me resueille par le souuenir de ceux que i'honnore & que i'estime infiniment, comme vous. Il est encore plus vray, Monsieur, que ie ne manqueray iamais à l'essentiel de l'Amitié, & que ie seray tousiours auec beaucoup de chaleur, quoy que ce soit auec peu d'esclat

Vostre, &c.

Le 14. Iuillet 1640.

A MONSIEVR de la Nauue, Enseigne de la Compagnie des Gendarmes de la Reyne.

LETTRE VI.

MONSIEVR mon cher Cousin,

A quoy bon des complimens si estudiez, & vne si grande profusion de belles paroles ? Il ne vous en faudroit pas dauantage pour tromper vne Maistresse desfiante, ou vn ennemy credule. Il paroist bien que vous auez respiré l'air de Florence; que vous vous estes coloré au Soleil de Rome; que vous venez nouuellement du païs natal de la Rhetorique. Mais quoy que vous veniez de ce païs-là, il me semble que vous ne deuiez pas vous seruir de vostre stile d'Italie, agissant auec vn vieux Gaulois. Ces ciuilitez, qui obligeroient vn autre que moy, me sont en quelque façon iniurieuses, & vous faites tort à ma passion, de croire qu'elle ait besoin de vostre eloquence, pour l'entretenement de sa chaleur. Sans faire le vain, ie puis dire que ie suis vn fort bon homme, comme sans vous flater, ie dis que vous estes extrémement genereux. Et cela estant, nostre amitié peut-elle courir fortune dans nostre silence ? dependelle d'vne douzaine de lignes par mois ? est-elle establie sur vn fondement de papier, c'est à dire sur vne des plus foibles & des plus legeres choses de la Nature? Ie ne suis pas de cét aduis; & bien que ie pusse accuser ma paresse & vos affaires, de la discontinuation de nostre commerce, i'ayme mieux la rapporter à la confiance d'vne parfaite affection, qui vous asseurant de moy, & moy de vous, nous dispense l'vn &

l'autre des petites loix que se fait le Monde. Si le Paresseux a le bon-heur de voir l'Occupé, il espere de luy faire gouster ses maximes, luy faisant manger de ses muscats, & de le regaler à la villageoise, auec ce mot de Virgile pour tout compliment, *Mon hoste, ayez le courage de mespriser les richesses.* I'attends au mois de Septembre l'effet de vostre parole, & suis tousiours de toute mon ame,

MONSIEVR mon cher
    Cousin,

               Vostre, &c.

Le 4. Iuin 1641.

A MONSIEVR de Gomberuille.

LETTRE VII.

Monsievr,
Quand ie n'aurois pas reçeu voſtre lettre, ie ne ſerois pas moins perſuadé que ie ſuis de la conſtance de voſtre affection. On ſçauoit aymer & eſtre fidele, auant que l'eſcriture fuſt en vſage: Et depuis qu'on a ſçeu eſcrire, on a menti, on a trompé, on a fait des

faussetez par escrit. On a mesme empoisonné dans des lettres, & la haine a esté ingenieuse iusqu'à se faire des armes de ces marques d'amitié. Ie ne veux pas dire par là qu'il ne faille iamais se fier à vne si dangereuse communication: Ie dis seulement qu'il ne faut pas touiours s'amuser à des signes si douteux, & qui peuuent aussi souuent corrompre la verité que la declarer. C'est nostre cœur, qui nous rend tesmoignage de nostre amour, & qui nous asseure l'vn de l'autre. Quoy que nous n'ayons pas esté dans l'agitation du commerce, nostre repos n'a pas esté sans chaleur, & se taire n'est pas oublier. Si le silence n'a de la vertu, il a pour le moins de l'innocence, & ne touche point à la pureté de la foy promise. Bien dauantage; Il conserue quelquefois la memoire en la renfermant : Et n'y a-t-il pas quelque Autheur, ou vieux ou moderne, qui nomme ce bien-heureux silence *la nourriture de l'ame & de ses pensées?* Ie pretends donc que dix ans durant vous-vous estes entretenu de moy auec vous-mesme. Mon image, mais beaucoup mieux peinte, & d'vn meilleur Maistre que celle que vous auez de Ferdinand, n'a point parti de deuant

deuant vos yeux. Asseurément tant que vous ne me parliez point, vous me meditiez. Voila comme ie rends iustice à vostre amitié. Ne voulez-vous pas traitter la mienne de mesme façon? Et si ie ne vous faisois lire sur ce papier, que ie vous chante sans cesse dans la Prouince; que ie dis merueilles à nostre Monde de la generosité de vostre ame, & de la grandeur de vostre esprit; que quand ie veux faire festin au mien, & le regaler magnifiquement, ie le meine à la Cour du Roy Polexandre, ignoreriez-vous pour cela, de si certaines, de si constantes, de si historiques veri-
C

tez ? Me connoiffant au point que vous faites, il me semble que ie n'ay pas befoin de me definir tous les iours à vous. Sçachant auffi que ie vous connois, vous ne pouuez pas douter que ie ne fois de la bonne forte ; ou comme parlent les gens qui reuiennent de Paris, que ie ne fois effectiuement,

MONSIEVR,

Voftre, &c.

Le 13. Feurier 1646.

A MONSIEVR
de Belleioye.

LETTRE VIII.

MONSIEVR,
Quoy que vous soyez d'opinion contraire, vostre ami a raison de maudire son mestier. Il vaut bien mieux estre Partisan que Poëte, & habiter des Palais dorez, que chanter le Siecle d'or, & estre logé à l'Hospital. Torquato Tasso a porté de mauuaises chausses, & a eu

besoin de charité. Il demande vn escu par aumosne, dans vne lettre qui se lit encore. Et tel ignare que ie vous pourrois nommer, conte ses richesses par millions, a pitié de la pauureté d'vn Senateur de Venise; a dequoy acheter vne Souueraineté, s'il y en auoit à vendre. Que veut donc dire Monsieur l'Aduocat du Roy, de s'amuser à faire des liures? C'est vn contre-temps qui ne se peut excuser. Cela me fait croire que les affaires du Palais luy laissent vn peu trop de loisir, & qu'on se morfond dans son Parquet. Mais de plus, que veut-il que ie face de la premiere race

de nos Rois, & de son Latin
sur la Loy Salique? Quand il
m'enuoyeroit le Contract de
mariage de Pharamond, & le
Testament de Meroée; Ie monte
plus haut, quand il me feroit
present de l'Original des
douze Tables; de l'Autographe
des Loix de Solon; des
Manuscrits de Lycurgue & de
Charondas; tant de belles &
de rares choses ne seroient pas
capables de resueiller ma curiosité
assoupie; ne me donneroient
pas la moindre tentation
du monde, de deuenir plus
sçauant que ie ne suis. I'ay l'ame
si desgoutée du Graue &
du Serieux, qu'il n'y a que le

C iij

Gay & le Plaisant qui puisse la remettre en appetit ; & en l'humeur où ie suis, ie baillerois Themis & Dicé, toute la Iurisprudence, toute l'Ethique, & toute la Politique pour vne chanson à boire. Il n'y a plus moyen d'y fournir : On veut trop souuent que i'escriue des lettres dorées. Et ie viens d'estre accablé d'vne si grande foule de complimens en diuerses langues, que pluftoft que de me resoudre à payer mes debtes, i'ayme mieux faire banqueroute, & renoncer solemnellement au Grec, au Latin, & au François : I'ayme mieux me faire naturaliser en

basse Bretagne, & acheter vn
estat d'Esleu en la ville de Quin-
percorentin. Il y a plus de quatre nuits que ie n'ay fermé les
yeux. Ayez pitié, Monsieur, s'il
vous plaist, vous & Monsieur
l'Aduocat du Roy, de

Vostre, &c.

Le 19 Mars 1648.

A MONSIEVR de Clairuille.

LETTRE IX.

MONSIEVR,

I'eſtois en peine de la fluxion de Monſieur de ★★★, & voſtre lettre ne m'en tire pas. Quelque beau qu'il paroiſſe à vos yeux, l'incarnat de ſes ioües me fut ſuſpect, dés le premier iour que ie le vis. Il y a de trompeuſes apparences de ſanté, & des roſes de mauuais preſage.

L'Art n'est pas seul qui farde &
qui falsifie; la Nature s'en mesle
quelquefois, & ie ne iuge pas
tousiours bien de ces visages si
fleuris & si colorez. Ne faites
pourtant point de peur à vn
homme qui a desia l'allarme.
Dites-luy seulement de ma part
qu'il se mette l'esprit en repos,
& que ie luy deffens l'estude,
comme la desbauche. Puisqu'il
vous a asseuré qu'il me vouloit
croire, ie luy ordonne de ne
plus faire de Prefaces, ni de Paraphrases; voire mesme de ne
plus rien faire du tout, ni en
Prose, ni en Vers, ni en qualité d'Autheur, ni en qualité de
Traducteur. Et cela sur peine

d'encourir l'indignation de cette Muse muette, que ie luy descouuris dernierement, & qu'vn Grec a adioustée aux neuf autres. Elle se contentoit, à ce qu'il dit, du secret de ses pensées, & de la possession tranquille de son esprit. O la sage Muse, & sans comparaison plus habile que ses Sœurs! O la bonne chose que le silence! O la mauuaise chose que les paroles oisiues! Nous faisons assez d'autres maux sans celuy-là, & il n'y auroit rien si aisé que de nous en corriger. Mais nous aymons mieux acquerir des fluxions & des catarrhes, & nous distiller goutte à goutte le cer-

ueau, & deuenir ethiques &
pulmoniques sur nos papiers,
que de ne pas faire de Prefaces
& de Paraphrases. I'espere de
meilleures nouuelles de Monsieur de ★★★, & demeure,

MONSIEVR,

Voſtre, &c.

Le 10. Ianuier 1638.

A MONSIEVR
de Bois-Robert Metel,
Abbé de Chaſtillon.

LETTRE X.

Monsievr,
Auec voſtre permiſſion ie commenceray ma lettre par où vous commencez toutes les voſtres, & vous diray que ie suis accablé auſſi bien que vous, encore que ce ne ſoit pas d'vn ſi beau fardeau. Ie fais profeſ-

sion d'estre fugitif du Monde, & deserteur de la Societé ciuile: Ie le crie à haute voix ; & neanmoins, ce Monde & cette Societé font semblant de ne m'entendre pas. On veut ignorer vn ferment, que i'ay fait imprimer exprés, afin qu'on le sçeust. Mon silence est troublé tous les iours par l'eloquence d'autruy, & il faut que pour mes pechez ie fois le Tenant contre tous les complimens de France. Ne sçaurois-ie me défaire de ce mal-heureux mestier de faiseur de lettres, qui attire d'vne infinité de lieux la persecution sur moy ? N'y auroit-il point moyen de le resigner à quelqu'vn de nos Confreres de l'Academie, qui aymaſt plus l'employ & les nouuelles connoiſſances que ie ne fais? C'eſt vne moquerie de n'auoir point d'affaires, & d'eſcrire autant que douze Banquiers, d'eſtre vn Oiſif touſiours occupé, & vn Pareſſeux à qui on ne permet pas meſme de chaumer les Feſtes. Ie voudrois bien me reſeruer pour le petit nombre, & entretenir correſpondance auec quelques perſonnes choiſies. Mais quelle apparence de reſpondre ponctuellement aux queſtions qui me viendront de Roüergue, & de Giuaudan? de faire l'Eloge d'vn liure, qui m'aura esté enuoyé de Castelnau-d'Arry? de donner mon approbation à du Latin de Barbarie, & à du François de basse Bretagne? de tromper les vns par ma complaisance, & d'offenser les autres par ma franchise. Pardonnez à la mauuaise humeur où ie suis: Ie ne croyois pas qu'elle deust aller si loin: Ce sont trois gros paquets qui l'ont irritée, & qui m'ont presque fait oublier ce que ie deuois à la courtoisie de vostre ami. Ie luy feray vn long & ample remerciment: Mais ce ne sçauroit estre que par le Courrier de la semaine prochaine. I'ay besoin de huit iours entiers, pour me remettre l'esprit, & pour adoucir l'aigreur de ma Rhetorique. Ie suis toujours passionnément,

MONSIEVR,

Vostre, &c.

Le 7. Auril 1645.

A MON-

A MONSIEVR
de Bois-Robert Metel,
Abbé de Chaſtillon.

LETTRE XI.

MONSIEVR,
Ie ne ſonge plus à l'Eloquence, beaucoup moins à la Fortune. Ie ſuis dans vne telle langueur, que ie n'ay preſque pas la force de dire que ie languis, ni le courage de deſirer le bien qui me manque. Vous me rendez de tres-bons offices, mais

i'ay perdu le gouſt des meilleures choſes. Ie me trouue au meſme eſtat que cét homme du païs des Epigrammes, qui demandoit de la ſoif à celuy qui vouloit luy donner du vin. Ce n'eſt pas que ie ſois ſobre; c'eſt, Monſieur, que ie n'ay plus d'appetit. La Fortune, qui peut contenter l'Ambition, ne ſçauroit ſatisfaire le Chagrin. La Ioye meſme auroit bien de la peine à me reſioüir : ſi ce n'eſt peut-eſtre cette ſainte Ioye, qui eſt d'ordinaire dans le Ciel, & ne deſçend en terre que rarement; qui ſe cache dans le cœur des Reuerends Peres, & paroiſt ſur le viſage des ieunes Nouices:

*Lætitiam, quæ Cœlicolum per limina semper
Discursat, raróque imas petit hospita terras,
Curarúmque expers, lachrymásque exosa virago
Exultat, totóque abigit suspiria Cœlo.
Hanc soli hîc nouere, Deo gens plena, sodales,
Ignati & Francisce tui, & quos carcere clausit
Insontes Bruno, Bernardíque optima proles,
Innuptum æternúmque omnes genus.*

Mais il faut icy distinguer, & faire difference entre moy & mon chagrin. Ie ne laisse pas d'auoir de la reconnoissance des faueurs reçeuës, quoy que ie n'en aye point de plaisir sensible, & dans l'assoupissement de mes passions ma raison agit assez, pour m'empescher d'estre ingrat des nouuelles obligations que ie vous ay. Faites moy, s'il vous plaist, l'honneur de le croire, & ne doutez iamais de ma constante fidelité. Ie mourray comme i'ay vescu,

MONSIEVR,

Vostre, &c.

Le 10. Aoust 1645.

A MONSIEVR
de Bonair.

LETTRE XII.

MONSIEVR,
Vous ne sçauriez croire le desplaisir que i'ay de la peine que Monsieur de *** a voulu prendre. Ce n'est pas solliciter la pension de son ami : C'est faire la queste ; c'est demander l'aumosne pour vn miserable : Et quand ie me figure les supplications pathetiques, où il a

fallu desçendre pour tirer vne responfe telle quelle, ie rougis à dix iournées du lieu de ma honte, & vn mois apres la piece ioüée. Pardonnez-moy mon infirmité : Ie suis le plus mauuais gueux de France, & ne sçay ni mendier, ni me resioüir d'vne grace mendiée. Monsieur de ★★★ est trop obligeant, de s'estre abaissé iusques-là en ma consideration, & de n'auoir rien crû indigne de luy, pourueu qu'il me pust faire du bien. Ie luy en demande beaucoup moins vne autre fois. I'ayme mieux ses bonnes graces toutes pures & sans suite, que des bien-faits qui viennent auec tant de force, & qu'on rauit pluſtoſt qu'on n'obtient : l'aymerois autant qu'on me iettaſt du pain à la teſte, & que ce pain fuſt plus fait de pierre que de farine. Ie ſuis,

MONSIEVR,

Voſtre, &c.

Le 14. Feurier 1639.

A MONSIEVR
de Bonair.

LETTRE XIII.

Monsievr,

Il ne tient pas à vous que ie ne me louë de la Fortune. Si c'eſtoit vne ennemie qui fuſt reconciliable, vous ſeriez le mediateur qui nous mettriez bien enſemble. Mais ſans doute elle ne vous croira pas : Et d'autre part, ie m'ayderay ſi peu, qu'il ſera difficile que vos bonnes intentions puiſſent reüſſir. Quoy qu'il arriue, ie vous ſuis deſia extrémement obligé, & ne monte point plus haut chercher la cauſe de la gratification que vous deſirez que ie reçoiue. Ie ne laiſſeray pas neantmoins, de faire ciuilité à la perſonne que vous ſçauez, & de luy teſmoigner ma reconnoiſſance, puis que vous me l'ordonnez ainſi. Mais il faut attendre pour cela vne bonne heure, & le compliment ſera encore pluſtoſt à Paris que l'argent ne ſera en Angoumois. Vous luy baillerez cependant la lettre de feu Monſieur le Mareſchal d'Effiat, qu'elle a tant d'enuie de voir, & que vous trouuerez dans ce paquet. Elle y verra qu'autresfois on sçauoit rire & obliger, en des lieux où l'on se moque auiourd'huy en desobligeant, & que la raillerie, qui accompagnoit les graces & les faueurs, estoit bien plus honneste que celle qui braue la pudeur & la pauureté. Ie suis auec passion,

MONSIEVR,

Vostre, &c.

Le 4. Ianuier 1640.

A MONSIEVR
Charlot, Fermier General des Gabelles.

MONSIEVR, Ie n'eusse iamais pensé, qu'à vous qui faites profession de generosité, il eust fallu recommander l'interest des Muses, Monsieur de Balzac, qui est honnoré d'vn chacun, se plaint que vous ne luy voulez pas donner le contentement qu'il s'estoit promis de vostre courtoisie. Encore qu'outre la iustice de sa demande, ses rares qualitez, semblent meriter quelque credit aupres de vostre bel esprit; neantmoins, ie vous ay voulu escrire ce mot, pour vous asseurer que ie tiens à iniure le refus que vous luy auez fait, comme au contraire ie prendray part à l'obligation qu'il vous aura, si vous luy donnez prompte satisfaction. Ie veux croire que vous n'y manquerez pas, & ie demeureray,

MONSIEVR,

Vostre tres-affectionné
seruiteur,
D'EFFIAT.

A Paris le 14. Mars 1629.

A MONSEIGNEVR
Bouthillier, Surintendant des Finances.

LETTRE XIV.

MONSEIGNEVR,

Vous penſez ne m'auoir fait qu'vne faueur, & ie croy en auoir reçeu deux : Car à mon conte c'eſt vn ſecond bien de n'auoir pas deſiré que ie vous aye demandé le premier, & ie n'eſtime gueres dauantage ce que vous me donnez, que ce que vous m'auez eſpargné. Vn homme qui prie en tremblant; qui ſe rend au moindre refus; qui a toutes les qualitez qui ſont neceſſaires pour eſtre mauuais Courtiſan, vous eſt bien obligé, Monſeigneur, de luy auoir fait grace de tant de craintes & d'inquietudes qu'il euſt euës en vous abordant, & de n'auoir pas eu moins de ſoin de ſa pudeur, que vous auez eu d'eſgard à ſa pauureté. Ces bontez ne ſont point de noſtre Siecle, ni meſme d'vn meilleur que le noſtre; Et l'Antiquité s'eſt plainte auant nous, d'vn certain art de difficulté, que les

Grands exercent en faisant du bien, pour le faire valoir dauantage. Ils voudroient de leurs Supplians, non seulement des prieres & des sollicitations; mais s'ils osoient, ils en voudroient des Hymnes & des Sacrifices. Vous agissez, Monseigneur, par vn principe plus humain, & tout ensemble plus noble; & l'obligation que ie vous ay, vient si immediatement de vous, que ie n'y ay pas mesme contribué mes desirs, que vous auez voulu preuenir. Ce que ie pense vous deuoir dire, pour tascher de reconnoistre cette obligation, c'est, Monseigneur, que ie la comprens en toutes ses circonstances, & qu'elle n'a point d'endroit, par où ie ne sçache la regarder. Ie sçay qu'auiourd'huy les Philosophes sont peu necessaires à l'Estat : Ie n'ignore pas que les Absens ont grande raison de ne rien esperer de la Cour : Ie voy que les Graces se distribuënt auec beaucoup de retenuë ; Et les Astrologues m'ont asseuré qu'il y a vne funeste constellation dans le Ciel, sur les pensions les mieux meritées. Ces considerations m'auoient resolu à ne rien auoir, & à ne rien desirer ; Et ie loüois mesme le bon mesnage de celuy qui m'auoit donné de mauuais

uais papiers. Mais, Monseigneur, vous auez corrigé la malignité de l'Influence, & auez adoucy les Astres pour l'amour de moy. Vous n'auez pas voulu que sous vostre Direction ie sentisse le mal-heur du temps, & que i'eusse ma part des pertes publiques. Que diray-ie dauantage ? Vous auez sauué vne Mourante, ou resuscité vne Morte : Car en effet ie commençois à la conter au nombre des choses qui auoient esté, & à l'appeller ma pension d'heureuse memoire. Apres auoir consideré & admiré tout cela, tout ce que ie puis faire, c'est de publier le Mira-
E

cle ; c'est de benir la main qui l'a fait; c'est de vous protester auec le zele & la deuotion d'vne ame sensiblement obligée, que ie suis,

MONSEIGNEVR,

Vostre, &c.

Le 12. May 1639.

A MONSEIGNEVR
Bouthillier, Surintendant des Finances.

LETTRE XV.

MONSEIGNEVR,

Vous estes bien-faisant de si bonne grace, & la maniere auec laquelle vous m'auez donné, est si peu commune, que si ie ne l'estimois quelque chose de plus que le present mesme, ie ne sçaurois pas faire dif-

E ij

ference entre les choses ordinaires & les choses rares. Ie vous dois vn remerciment tout nouueau, pour vne faueur toute nouuelle; & ie le vous rendrois, Monseigneur, si ma reconnoissance pouuoit estre aussi ingenieuse que vostre bonté, & si i'auois le don d'embellir les belles paroles, comme vous auez la vertu de rendre l'or plus riche qu'il n'est. Il est precieux de sa nature, mais il reçoit vn bien plus haut prix de vostre ciuilité, & m'estant venu de vos propres mains, ie vous auouë que i'y trouue des attraits que ie n'eusse point apperçeus, si i'eusse esté payé par vn Threforier. Vous-vous eftes auifé de ce moyen, pour me plus donner, en ne me donnant pas dauantage ; & c'eft vne illufion de voftre façon, qui me multiplie quatre mille liures iufqu'à l'infiny. I'explique ainfi la penfée que vous auez euë, en m'obligeant par vne voye extraordinaire ; Et puis qu'il y a de l'efprit, & de la fubtilité en vos bien-faits, il ne faut pas les receuoir fi groffierement, que s'ils partoient d'vn pouuoir aueugle, & qui agift fans intelligence. La forme en doit eftre eftimée, auffi bien que la matiere; Et non feulement comme obligé, &

reconnoissant d'vne grace faite, mais aussi comme raisonnable, & curieux des choses nouuelles, ie dois estre,

MONSEIGNEVR,

Vostre, &c.

Le 20. Septembre 1639.

A MADAME
de Villesauin.

LETTRE XVI.

MADAME,
Si vous estimez les choses par la rareté, vous deuez faire grand cas de mes lettres. Elles n'arriuent pas plus souuent que les festes anniuersaires ; & quoy que vous m'obligiez tous les iours au lieu où vous estes, il faut douze mois tous entiers pour faire partir d'icy vn re-

merciment. Ce n'est pas que ie veüille commencer à mesnager mes paroles, apres en auoir perdu de pleins volumes, & que ie sois deuenu auare du seul bien dont on croit que ie sois riche. Mais, Madame, ce bien n'estant que la figure d'vn son qui sort de la bouche, & le reste d'vn petit mouuement de l'esprit, i'ay honte de n'auoir rien à vous rendre qui puisse proprement estre appellé quelque chose, & il me fasche d'employer tousiours mon zele à vous faire sçauoir qu'il est inutile. A quoy bon vouloir debiter des protestations, & penser trafiquer de ses souhaits?

Que sert-il d'estaler ce qui nous manque, en exagerant ce que nous desirerions auoir, & de se mettre sur le haut stile, pour donner reputation à la pauureté? Il vaut encore mieux ne rien dire en se taisant, que ne rien dire auec beaucoup de paroles; Et ie m'asseure, Madame, que vous estimez dauantage vn insoluable de bonne foy, qui l'auouë, sans le faire valoir, qu'vn qui assemble tout ce qu'il y a de creux & de vain dans la Rhetorique, pour ne former qu'vne image de reconnoissance. Ie ne suis pas d'auis de prendre vne peine si ingrate, & qui me reüssiroit si mal : Ce seroit deuoir de nouueau, apres auoir voulu s'acquitter, & i'aurois fait effort, sans estre parti de la mesme place. Ie veux faire le contraire, s'il vous plaist, & ne me presenter deuant vous vne fois l'an, que pour vous declarer que ie ne pretens iamais d'estre quitte, & que ie demeure tousiours,

MADAME,

Vostre, &c.

Le 9. Mars 1640.

A MADAME
de Villesauin.

LETTRE XVII.

MADAME,
Ni moy ni mes affaires ne valons pas les soins que vous en prenez. Quand il est question de m'obliger, vous ne trouuez rien indigne de vous. Vous faites des excés, vous qui estes la personne du monde la plus moderée. Vous sortez des termes de la bienseance, vous

qui la gardez si religieusement en toute autre chose. Et qui fut iamais si surpris que moy, lors que i'ay sçeu que vous auiez visité Monsieur le ★★★, & que i'estois cause de vostre visite? Ie ne puis comprendre, Madame, comme cét homme a pû receuoir cét honneur, sans estre tombé de son haut, & sans vous auoir demandé grace, en me donnant à l'heure mesme contentement. C'est qu'il y a des ames, dont la dureté est à l'espreuue de toutes les belles persuasions: Il y a vne Colonie de Sauuages qui se sont habituez à Paris, & qui ne connoissent ni Beau, ni Honneste, ni

Histoires, ni Harangues, ni Muses, ni Apollon. Les complimens n'ont point de force contre ces gens-là ; Ils resisteroient à la violence des exorcismes ; & ie ne conclus pas de leur barbarie, que vous manquiez de credit, mais i'apprens que le credit de la Vertu ne s'exerce que dans le Monde ciuilisé. Vous pouuez, Madame, tout ce que vous me promettez, pour faire reüssir mon affaire par vne autre voye. Vostre bonté est ingenieuse, est adroite, est puissante à m'obliger. Ie vous ay desia pourtant la plus grande obligation que ie vous sçaurois iamais auoir ; & il est certain que de me donner de l'argent, sera quelque chose de beaucoup moins que de m'auoir donné vostre patience, & d'auoir reçeu des refus pour l'amour de moy. Ie ne sçay pas mesme si en pareil cas i'aurois l'estomac aussi bon que vous, & si i'en pourrois faire autant pour vostre seruice, quoy que ie sois de toute mon ame,

MADAME,

Vostre, &c.

Le 3. Iuillet 1642.

A MADAME du Bourdet.

LETTRE XVIII.

MADAME,

Qu'on cherche tant qu'on voudra, il ne se trouuera point de douceur qui approche de celle que vous inspirez dans vos sachets. Les plus fines essences de Rome ont de la lie, & sentent la terre, en comparaison : Les parfums d'Espagne sont espicez, & blessent plûtoſt qu'ils ne chatoüillent: Ceux-cy tous purs & tous innocens, penetrent ſans violence iuſqu'à la plus haute partie de l'homme : Ils vont reſioüir l'eſprit, apres auoir flatté le cerueau & fortifié le cœur. On pourroit les nommer vn chef-d'œuure de Delicateſſe, & de Medecine tout enſemble. Ie pourrois dire que de voſtre grace il ne reſte rien à deſcouurir dans l'honneſte & ſçauante Volupté. Ie pourrois dire encore, Madame, que ſi vous eſtiez Reyne de l'Arabie heureuſe, ou des Iſles fortunées, vous n'auriez pas pû me faire vn preſent, qui fuſt plus digne de ces de ces beaux Royaumes. C'est veritablement la Nature, qui trauaille la premiere à la production des bonnes odeurs: Mais c'est vous en suite qui cultiuez sa fecondité, & qui mettez ses biens à profit. Quoy que l'ambre, le jasmin, & la fleur d'orange soient des choses excellentes d'elles mesmes, vous les faites passer dans vn estat qui releue la noblesse de leur estre: Ces choses excellentes trouuent leur perfection entre vos mains: Vous les purgez de tous les defauts de la matiere, & leur donnez ce qu'elles ne reçoiuent point du Soleil. De sorte que quand il s'approcheroit de nous, de ie ne sçay combien de degrez, & qu'il auroit à Saintes la mesme vertu qu'il a à Memphis, il auroit tousjours besoin de vostre sçience: Si vous ne le secondiez, il ne sçauroit cuire dans le iuste temperament qu'il faut, ces riches & precieuses vapeurs, dont vous estes l'vnique œconome. Mais ne vous imaginez pas, Madame, que ie vous louë d'vne sçience vulgaire, & que i'aye dessein par là de reduire vostre merite au bout de vos doits. Ie sçay que vous valez beaucoup, & il est certain que nostre Prouince a vn ornement en vostre personne que la

Cour a suiet de luy enuier. Cela se dira vne autre fois plus au long, & plus à propos. Vous me permettrez de vous dire cependant, que ce n'est pas peu d'entrer en societé auec le Soleil, pour conduire ses ouurages à leur fin; de sçauoir l'art de faire durer les fleurs; de bastir des prisons aux plus subtils, & aux plus deliez esprits qui habitent l'air. Vous les arrestez de telle sorte, & vostre structure est si merueilleuse, qu'ils en sortent toujours, & ne laissent pas d'y estre toujours enfermez. Cette moyenne sujetion les empesche seulement de se perdre dans la pleine liberté, & s'ils eussent esté moins resserrez, ie courois fortune de ne receuoir que la nouuelle de leur fuite, & celle de vostre bien-fait. A cause que ma bonne parente me l'a procuré, elle pense l'auoir reçeu aussi bien que moy, & desire de vous en tesmoigner le gré qu'elle doit. Trouuez bon qu'elle vienne à mon secours, & qu'elle se charge de la conclusion de mon compliment. Ie luy en cede, comme à la plus eloquente, la plus difficile partie, & luy laisse tout le lieu de la reconnoissance à traiter, pour vous asseurer simplement en cét endroit, que ie suis,

MADAME,

Vostre, &c.

Le 15. Iuillet 1636.

A MONSIEVR de la Thibaudiere.

LETTRE XIX.

MONSIEVR,

A ce que i'apprens par voſtre lettre, vous eſtes Arbitre general, Negotiateur perpetuel, Supernumeraire, quand on en cherche, Iuriſconſulte de robe courte, qui ne parle que clauſe, interligne, teſtament, & ſubſtitution. N'auez vous point peur que les Conſultans de Poitiers & d'Angoulefme, vous demandent voſtre vocation, comme les Preſtres font aux Miniſtres ; & qu'ils vous preſſent de dire en vertu de quel caractere vous agiſſez, comme les Medecins font aux Saltinbanques ? Ils deuroient s'eſtre deſia plaints des entrepriſes que vous faites ſur leur profeſſion. Et pour moy, bien que vous m'ayez ſouuent proteſté qu'on vous engage contre voſtre gré dans les affaires d'autruy, ie commence à m'imaginer que vous y prenez du gouſt, & que vous trouuez que c'eſt vne belle choſe d'exercer vne royauté priuée, & de faire vn Tribunal, tantoſt d'vne eſcabelle, tantoſt d'vne chaize. Mais encore il y a des Feſtes au Palais, & les Parlemens ont des Vacations, & Monſieur Fauereau nous vient voir quelquefois en cette Prouince. C'eſt à dire que ſi pour la troiſieſme fois vous me manquez de parole, ie croiray que vous aymez par inclination ce que vous voulez que ie croye que vous faites par contrainte. Vous aurez beau, à voſtre ordinaire, m'alleguer Saint Yues, ie ne vous mettray pas au nombre de ces Iuges incorruptibles, qui ont la verité ſur les lévres ; ie vous conteray parmy ces incurables

Plaideurs, qui ont le Diable dans le corps. Pour me venger de vous solemnellement, i'escriray à Saint Germain à Madame de Hautefort, en ces propres termes, *Que pensez-vous, Madame, que soit auiourd'huy Monsieur de la Thibaudiere, qui estoit autresfois vn si honneste homme? C'est le plus terrible Chicaneur, qui se face craindre depuis le port de Pile iusqu'à la Garonne. C'est la foudre & la tempeste de trois Prouinces voisines. Ses songes mesmes vont au Palais, & il demande vn sac & des pieces en se resueillant. Il n'ayme plus les Bisques, ni les bons vins, mais il se* nourrit de ciguë, d'aconit, & d'autres pareils ingrediens, qu'vn ancien Poëte fait entrer dans la composition des procés. Il a gasté la pureté de son premier stile, par la contagion des termes sauuages de sa nouuelle science, & sa langue n'est plus celle de la Cour ; n'est plus celle que vous estimiez tant dans les belles lettres qu'il vous escriuoit. Il ne dit pas que Monsieur le Mareschal de Schomberg a gagné de nuit la bataille de Laucate, il dit qu'il a gagné nuitamment la cause de la France contre l'Espagne. Au lieu de dire afin & de plus, il dit aux fins, & item, dans des Stances mesme qu'il a *faites à vne Dame, dans vn compliment mesme qu'il vous doit faire.* Ce n'eſt pas encore tout : Ie ſupplieray apres cela, l'eloquent Gouuerneur de N. le venerable Monſieur de N. de vous traiter de profane, ſi vous oſez vous preſenter deuant luy; de vous chaſſer de ſon Cabinet, comme vn eſpion de Barbarie, comme vn Rebelle des Muſes, comme vn Excommunié de leurs myſteres : Et en cette qualité il vous interdira le feu & l'eau, auec ſon viſage & ſa grauité de Conſul Romain. Ie mediteray encore, Monſieur, quelque nouuelle vengeance contre vous, & ne vous

donneray ni paix ni tréue. Ie
feray voſtre perpetuël ennemy,
pour le moins en public & en
apparence, ne pouuant pas
m'empeſcher d'eſtre dans le
cœur & en verité,

Voſtre, &c.

Le 20. Mars 1639.

A MONSIEVR
de Priezac, Conseiller
du Roy en ses Con-
seils d'Estat &
Priué.

LETTRE XX.

MONSIEVR,
La Demoiselle qui vous rendra cette lettre, m'a asseuré que ie suis vostre Fauory, & se promet de grandes choses de ma faueur, si ie vous recommande son procés. Pour moy, ie croy

volontiers ce que ie desire extrémement, & il ne faut pas beaucoup d'eloquence à me persuader que vous me faites l'honneur de m'aymer. Si cela est, Monsieur, ie vous supplie, de tesmoigner à cette pauure plaideuse, que vostre amitié n'est pas vn bien inutile, & que ma recommandation ne gaste pas non plus, vne bonne cause. Elle est tourmentée par le plus fameux Chicaneur de nostre Prouince, & ie ne pense pas que la Normandie en ait iamais porté vn si redoutable. Son seul nom fait trembler les Veufues, & met en fuite les Orphelins. Il n'y a piece de pré ni de vigne à trois lieuës de luy, qui soit asseurée à celuy qui la possede. Il pense faire grace aux enfans, quand il se contente de vouloir partager auec eux la succession de leur pere. Il habite les Parquets, & les autres lieux destinez à l'exercice de la discorde; & s'il vous plaist que ie me serue des termes de nostre bon Plaute, *on le voit en ces lieux-là plus souuent que le Preteur.* Voulez vous que i'acheue son Eloge ? C'est *Attila* en petit : C'est *le fleau de Dieu* dans son voisinage; & la plus cruelle persecution qu'ait souffert le Monde, & que raconte l'Histoire, est venuë peut-estre d'vn moindre principe de Tyrannie. Vous ferez vne œuure meritoire, ou pluſtoſt vne action de charité heroïque, ſi vous contribuez quelque choſe au chaſtiment de cét Ennemy public. Vous obligerez en vne ſeule perſonne mille perſonnes intereſſées. Mais ie ne laiſſeray pas de vous en auoir autant d'obligation que ſi vous ne conſideriez que moy, qui vous en ſupplie, & qui ſuis paſſionnément,

MONSIEVR,

Voſtre, &c.

Le 12. Decembre 1640.

A MONSIEVR
de ✶✶✶✶.

LETTRE XXI.

MONSIEVR,
Si i'auois voulu estre aussi officieux que i'ay esté sollicité, vous auriez reçeu de moy depuis quinze iours, cent cinquante recommandations de conte fait. Encore auiourd'huy il se presente occasion de refuser, & ie demeurerois encore, comme auparauant, dans cette

immobile fermeté contre toutes sortes de prieres. Mais il n'y a pas moyen de tenir bon, quand c'est l'Amitié qui prie. I'ay assez de force pour resister aux Importuns, & me defendre de la mauuaise honte: Mais ie ne suis pas assez dur, pour desobliger les honnestes gens, & negliger les plus doux deuoirs de la vie ciuile. Il faut quelquefois se laisser gagner, & ne s'opiniastrer pas toujours dans vn mesme poste. Bien que ie sois sorty du Monde, i'y rentre volontiers, si l'Honneur ou la Vertu m'y appelle. En pareil cas on pourroit auoir dispense d'vn vœu qu'on auroit conçeu au pié des Autels: Mon premier deſſein n'eſtoit pas tout à fait ſi religieux: A preſent il iroit au delà de la ſuperſtition, & offenſeroit les bonnes mœurs, s'il m'empeſchoit d'accorder à Monſieur de ★★★ l'office qu'il vient de me demander. Ce Monſieur de ★★★ eſt mon cher amy, depuis le regne de Henry le Grand, & connu pour tel de toute la France qui ſçait lire. Ie vous ſupplie, Monſieur, que ie n'aye pas le deſplaiſir de luy auoir eſté inutile aupres de vous, & de n'auoir pû que luy ſouhaitter du contentement, dans vne rencontre où il eſpere dauantage de mon credit. Il est en vostre pouuoir de me donner son Aisé, tout entier ou en partie. L'vn me plairoit bien plus que l'autre. Et puis qu'il n'y aura gueres de taxe que vous ne moderiez, sans en estre prié de personne, ie me promets le coup de plume obligeant & decisif, qui rayera cette-cy pour l'amour de moy, & ne laissera rien de defectueux en vostre bien-fait. Les Graces ne sont ni boiteuses ni estropiées. Ce sont des Deesses toutes belles & toutes parfaites; Et les ayant veuës en cét estat-là dans les liures de Seneque, vous ne voudriez pas que ie les mesconusse dans la faueur que i'attens de vous, qui sçauez Seneque tout par cœur. Le moyen de l'expliquer admirablement, & de l'entendre mieux que Lipse, qui l'a commenté, & que Malherbe qui l'a traduit, c'est de faire ce qu'il vous conseille, & d'estre aussi bien-faisant que vous estes bon. Ie vous en supplie encore vne fois, & de croire que ie suis parfaitement,

MONSIEVR,

Vostre, &c.

Le 3. Ianuier 1646.

A MONSEIGNEVR

l'Euefque d'Angoulef-me, Grand Aumofnier de la Reyne de la Grand' Bretagne.

LETTRE XXII.

Monseignevr,

Trouuez bon que ie vous face ou vn second remerciment, ou vne seconde priere pour le Reuerend Pere ★★★. Ce seroit grand dommage que son eloquence demeurast oisiue ; & son zele est si impatient de repos, que s'il ne presche dans vostre Eglise, il aura bien de la peine à le retenir dans sa Cellule. Ie m'imaginois que vous m'auiez accordé cette grace en sa faueur, & ie l'en auois desia asseuré. Mais ce que i'attends de vostre bonté, se peut appeller de quel nom il vous plaira. Si vous ne desirez pas que ce soit la confirmation d'vn bienfait reçeu, ce sera vn bien-fait nouueau. Ie suis content de le vous deuoir toute ma vie, comme si ie le receuois tous les iours; & veux vous en remercier autant de fois que vous le voudrez, ne trouuant point de peine à vous rendre mes respects, & à vous protester que ie suis,

MONSEIGNEVR,

Vostre, &c.

Le 25. Iuillet 1643.

A MONSIEVR
de Lorme, Conseiller
du Roy en ses Con-
seils, & Medecin de sa
Maiesté.

LETTRE XXIII.

MONSIEVR,
Pour vne infinité de bons offices que i'ay reçeus de Monsieur Droüet, ie luy ay promis
vostre bien-veillance : Ce sera
donc vous qui luy payerez ce

que ie luy dois, & c'est le seul moyen que i'ay de demeurer quitte, en contant auec luy. Ie veux croire que vous ne serez pas fasché de me le fournir: Vous auez tousiours eu pour moy vne bonté si peu mesurée, que ie ne sçaurois apprehender d'espargne ni de reserue de cette mesme ame qui m'a esté liberale iusqu'à la profusion. Faites, Monsieur, ce que vous auez coustume de faire, & continuant à m'obliger en la personne d'autruy, aymez vn homme que sans doute vous estimerez. Le desir qu'il a de vous connoistre, vient de la connoissance qu'il a desia de quantité d'autres choses rares : Mais vous estes sa derniere & sa plus haute curiosité. Il vous cherche, parce qu'il pense trouuer tout en vous, & que vous auez dequoy remplir l'auidité qu'il a de sçauoir. Ie ne vous demande pas neantmoins, vn entier abandonnement de vous mesme. Il faut que vostre loisir & nostre discretion reglent les faueurs que nous attendons de vostre bonté. Ie vous dis seulement que mon amy en merite de particulieres, & que si vous luy descouurez les Mysteres des Arabes (il sçait ceux des Grecs en perfection) il ne vous escoutera ni en profane, ni en simple initié. Son nom est en grosse lettre dans les Archiues de l'Eschole de Padouë, & il sortit de la discipline du grand Cremonin, presque aussi grand & aussi sçauant que luy. Non pas que pour cela il soit Partisan aueugle de feu son Maistre : Ie vous puis asseurer qu'il n'en a espousé que les legitimes opinions, & iamais Fidele ne fut mieux persuadé que luy, *que le Dieu d'Abraham & d'Isac est le Dieu des viuans, & non pas des Morts*, &c. Quand vous l'aurez veû, vous ache-

uerez son eloge. Ie suis paf-
sionnément,

MONSIEVR,

Vostre, &c.

Le 8. Ianuier 1641.

A MONSIEVR de Zuylichem, Conseiller & Secretaire des Commandemens de Monseigneur le Prince d'Orange.

LETTRE XXIV.

MONSIEVR,

Il y a vne grace que ie desire de vostre Cour, & que vostre credit peut, à mon aduis, me procurer. C'est le congé de

Monsieur de ★★★★★. Son
merite vous estant assez connu, ie ne vous representeray
point qu'il sert il y a plus de
dix ans auec assiduité, & qu'il
porte sur sa personne de glo-
rieuses marques de ses seruices.
Ie vous asseureray seulement,
qu'il seroit desia party pour
l'Armée, si ie ne le retenois de
toute ma force, & n'vsois de
tout le pouuoir que me donne
l'amitié, pour luy faire differer son voyage. Il a des affaires qui luy sont si importantes,
& qui exigent si necessairement sa presence, que ce seroit
les perdre que de les abandon-
ner en l'estat où elles sont. Ce

la neantmoins, ne feroit point capable de l'arrefter ; & le moindre intereft d'honneur luy eftant plus fenfible que toutes les affaires ne luy font confiderables, fans la violence que ie luy fais, il romproit les autres chaines qui le retiennent, & fe rendroit à fa charge, auant mefme le quinziefme de Mars. De forte que s'il luy arriue quelque mal de ce retardement, dont ie fuis le Confeiller, vous voyez bien de qui il aura fujet de fe plaindre, & le peu de fatisfaction que i'auray de mes confeils, s'ils font de la nature de ces remedes, qui gaftent le foye, en foulageant l'eftomac,
&fi

& si ie n'ay pû luy proposer la conseruation d'vne chose, sans la ruine d'vne autre. C'est pourquoy tant pour l'honneur de mon iugement, qui est engagé dans l'auis que i'ay donné, que pour le contentement d'vne personne que ie n'ayme pas moins que moy mesme, i'implore, Monsieur, non seulement vostre faueur; & vos offices, que ie sçay estre tres-efficaces aupres de Monseigneur le Prince d'Orange, mais encore vos expediens & vos moyens, que ie n'ignore pas estre tres-puissans en toutes sortes d'affaires. Outre que la rigueur des Loix reçoit quelquefois du temperament, & que la Iustice n'exclud pas les graces, rien n'eſt impoſſible à vn eſprit adroit & intelligent, comme le voſtre, qui employera vtilement l'induſtrie où il faut eſpargner l'authorité, & ſauuera par quelque voye deſtournée ce qui ſe perdroit dans le droit commun. Monſieur de ★★★ en vous rendant cette lettre, vous entretiendra plus particulierement ſur ce ſujet, & vous fera ouuerture des biais qui luy ſemblent les plus propres, pour faciliter l'affaire de ſon amy. Ie vous ſupplie encore vne fois, de la vouloir entreprendre pour l'amour de moy. Et ſi vous iugiez que mon nom puſt auoir quelque force dans voſtre bouche, & fuſt aſſez connu, pour eſtre allegué à ſon Alteſſe, i'oſerois me promettre qu'elle n'auroit point de regret de m'auoir accordé vne faueur, que ie ferois ſonner ſi haut, & aller ſi loin, que peut-eſtre la Poſterité l'en remercieroit. Il y a long temps que i'ay ce grand Prince en veneration, & qu'il eſt vn des Demy-dieux de mon Cabinet. Mais s'il deſiroit que i'euſſe pour luy vne paſſion plus tendre & plus delicate; s'il vouloit eſtre l'obiet de mon amour, comme il eſt celuy de mon eſtime, qu'il me ſeroit doux de pouuoir l'appeller mon bien-faicteur, & d'auoir reçeu quelque chose d'vne personne, que ie ne laisserois pas d'admirer, quand elle m'auroit osté ce que i'ay. Ie luy souhaite des lauriers toujours verds, & toujours nouueaux; & si la guerre doit finir, vne longue & paisible ioüissance de la plus pure gloire qui fut iamais; d'vne gloire, de laquelle L'Ennemy demeure d'accord, & qui ne luy soit pas mesme contestée par les Histoires d'Espagne. Attendant de vos nouuelles ie demeure,

MONSIEVR,

Vostre, &c.

Le 1. Feurier 1640.

A MONSIEVR
le President de
Pontac.

LETTRE XXV.

Monsievr,
Mon premier deſſein a eſté changé par l'arriuée de Monſieur ✶✶✶. Ie me preparois à vous faire vne priere, & il m'a auerty que ie vous deuois vn remerciment. I'ay appris de luy qu'il auoit trouué en voſtre eſprit vne telle diſpoſition à m'o-

bliger, que toute sa rhetorique luy estoit demeurée entre les mains. Il m'a dit mesme que le grand nom de Monsieur de Thou, vous auoit esté allegué sans necessité. I'ay sçeu en fin, Monsieur, qu'il n'auoit fallu employer que moy, pour me rendre office aupres de vous. I'ay bien du bon-heur d'estre si consideré en vn lieu où à peine ie pensois estre connu, & de me trouuer tout d'vn coup en vos bonnes graces, où vous ne me deuiez receuoir qu'apres vne longue espreuue de mes seruices. Mais ie voy assez d'où vient tout cela. La rigoureuse iustice s'accorde rarement auec la parfaite generosité. Cette-cy, qui est proprement la vostre, est plus impatiente à produire ses effets, & moins reguliere à obseruer les formalitez. Elle ne feroit pas, comme elle fait, l'honneur de vostre Prouince, ni ne seroit celebrée en toutes les autres, si elle attendoit si scrupuleusement le merite : Elle veut souuent le preuenir, & ie suis vn des exemples de cette indignité bien-heureuse. Vous auez recompensé ma bonne intention, & auez respondu à mes pensées, comme on respond dans le Ciel au silence religieux des gens de la Terre. Vous m'auez promis ce que ie ne vous auois pas encore demandé. Mais aussi me l'ayant promis de cette belle maniere, vous me donnez courage de le vous demander auec plus de force. Et quand toute ma Bibliotheque m'en deuroit faire reproche, ie ne craindray point de dire que si ma Niece vous est obligée de la conseruation de son bon droit, ie vous seray obligé d'vne piece qui manque à la tranquillité de ma vie. Quoy que la Philosophie promette, elle ne sçauroit me faire toute seule ce present, ni appaiser mes inquietudes, qu'en me despoüillant de mes plus cheres affections. Ce sefoit vn acte de trop grande cruauté. Ayez, Monsieur, cét auantage sur elle, que ie vous doiue mon repos, pour auoir protegé les affections qu'elle abandonne, & que ce soit par vostre bien-fait que ie sois content, & non pas par la force de mon imagination. I'espere tout bons succés des bons presages que vous en auez donnez à mon amy; Et si le destin d'vne cause se pouuoit lire dans les yeux d'vn Iuge, il ne douteroit point de l'euenement de cette-cy. Il me conseille donc de finir par où il m'a ordonné de commencer : Et puis que ie suis desia dans vos chaines, &

desia attaché par obligation, ie continuëray seulement à me dire à l'auenir,

MONSIEVR,

Vostre, &c.

Le 6. Ianuier 1641.

A MONSIEVR
le Prefident de
Pontac.

LETTRE XXVI.

MONSIEVR,

La facilité attire la perfecution, & vous ferez importuné de nouueau, parce que vous auez appriuoifé vn Importun. Il eſt dangereux de laiſſer faire progrés à ces gens-là, & de ne leur pas difputer les premieres auenuës. Il y a d'autres gens,

Monsieur, qui prennent les ciuilitez pour des actes passez par deuant Notaire, & pretendent qu'on leur garentisse iusqu'aux souhaits qu'on a faits pour eux. Ie ne suis pas tout à fait de ces iniustes Pretendans, qui exigent les graces en creanciers: Mes sollicitations aussi sont vn peu moins violentes, que celles de ces importuns determinez, qui perdent la honte pour gagner leur cause. Mais veritablement ne pouuant douter ni de la solidité de ce que vous dites, ni de l'estenduë de ce que vous pouuez, ie ne sçaurois vous nier que ie ne face grand fondement sur le secours que vous nous auez promis, & que ie n'attende de voſtre protection toute la bonne fortune de noſtre bon droit. Autrefois les Dieux & Caton furent de contraire auis dans la plus importante cauſe qui fuſt iamais: I'eſpere qu'en cette-cy, qui n'eſt pas de telle importance, ils s'accorderont pour l'amour de moy. Ie veux dire, Monſieur, qu'vn Caton plus doux & plus gracieux que ce Caton, qui diſoit des iniures à la Fortune, nous la pourra rendre fauorable en cette occaſion, & portera bon-heur à vne affaire qu'il entreprendra. Pardonnez moy la liberté de ce dernier mot : C'est encore vostre facilité & vostre bonté qui me le dictent : Et ie prens cœur outre cela, de la violente passion, auec laquelle ie suis & veux toujours estre,

MONSIEVR,

Vostre, &c.

Le 15. Decembre 1641.

A MONSIEVR
le Maire d'Angoulesme.

LETTRE XXVII.

MONSIEVR,
Ie me promets que vous aurez agreable la priere que ce porteur vous fera de ma part. Elle regarde l'interest public aussi bien que le mien particulier, & ie sçay que vous estes si ponctuel dans les fonctions de vostre charge, que de vous

descouurir vn mal c'est presque y auoir remedié. A l'entrée du Faux-bourg Loumeau il y a vn chemin, dont on ne peut se plaindre en termes vulgaires : Il est plus difficile & plus dangereux qu'vn Labirinthe : Il apprendroit à iurer vn homme qui ne sçait dire que *Certes* : Il changeroit en bile toute la douceur d'vn Pere de L'Oratoire : Il ne fortifie point Angoulesme, & desespere tous ceux qui y vont. Ie faillis auant hier à m'y perdre, & à faire naufrage dans de la boüe. Si c'estoit en pleine Mer, & sur vne mauuaise chaloupe, & par la violence d'vne tempeste, ce seroit

seroit vne auanture ordinaire ;
Mais en terre ferme, & en carrosse, & dans la serenité des plus beaux iours, & du temps de vostre Mairrie, ce mal-heur ne se peut comprendre ; & il n'y auroit pas moyen de s'en consoler. Trois mots d'ordonnance que ie vous demande, peuuent remettre les choses en meilleur estat, & obliger toute la Campagne. Adioustez donc les benedictions de dehors à celles que vous receuez dans la ville, & ne souffrez pas que la face de vostre Public, à l'embellissement de laquelle vous trauaillez en d'autres endroits, soit défigurée en cet-

I

tui-cy par vne si vilaine tache. Mais apres auoir consideré le Public, ne voudriez vous point me conter pour quelque chose, & fauoriser vne personne qu'on croit n'estre pas ingrate des faueurs qu'elle reçoit ? Il y a des gens qui disent dauantage, & qui vous asseureront que vous auez vn moyen d'estendre vostre reputation hors des bornes de vostre Prouince, & de faire durer long temps l'année de vostre Mairrie. Ie sçauray par le retour de ce porteur si ces gens-là disent vray, & si vous estimez si fort le remerciment que ie vous feray, apres la priere que ie vous fais ; à laquelle ie ne puis rien adiouster que l'asseurance que ie vous donne, d'estre veritablement,

MONSIEVR,

Vostre, &c.

Le 4. Iuillet 1638.

A MONSIEVR

de Villemontée, Conseiller du Roy en ses Conseils, Intendant de la Iustice, Police, & Finances en Poitou, Saintonge, Aunix, &c.

LETTRE XXVIII.

Monsievr,

Ie ne vous conteray point les auantures de la personne qui

vous a parlé, auſſi malfaiſante que malfaite. Ie vous diray ſeulement que ie ne penſe pas que ſon teſmoignage ſoit plus receuable que le mien : Et bien que ie le vous rende dans vne affaire qui me regarde, vous auez aſſez bonne opinion de ma probité & de ma diſcretion, pour croire que ie ne voudrois ni vous repreſenter d'intereſt iniuſte, ni vous faire de priere inciuile. Ie vous ſupplie donc, Monſieur, de vouloir conſiderer que ce lieu, qui a beaucoup de reputation, a tres-peu de reuenu. L'Ithaque d'Vlyſſe a eſté celebre, & neantmoins ce n'eſtoit qu'vn nid attaché à vn ro-

I iij

cher : La mienne, comme vous pouuez penser, est quelque chose de moins. C'est peut-estre vn agreable Desert, mais non pas vne riche Parroisse. Les chemins y sont fort beaux, & les terres fort mauuaises ; & par consequent dans ces terres il y a plus dequoy resver à vn Philosophe, que dequoy recueillir à vn Pere de famille. Iusques à present les Gendarmes les ont regardées sans y toucher : Ie vous demande auiourd'huy protection contre des Ennemis desarmez. Auec des baguettes & des morceaux de papier ils se font plus craindre que les Croates. Leurs Escritures n'ont rien de commun auec les miennes : La langue qu'ils parlent m'est inconnuë : Et de l'autre costé, ils n'ont connoissance ni de l'humanité, ni de la raison; ni du Lycée, ni de la Morale qui s'y enseigne. Ils apprendront de vous, s'il vous plaist, Monsieur, ce que c'est que la iustice distributiue, puis qu'ils n'ont pas eu le loisir de l'apprendre d'Aristote, & ie m'asseure que vous me ferez la faueur de remettre les choses dans les termes où elles doiuent estre raisonnablement. Outre que ce sera proportionner la charge à la foiblesse de celuy qui la peut porter, ce sera encore obliger sensiblement vn des plus passionnez partisans de vostre vertu ; vn homme qui vous louë de toute sa force, & qui est de toute son ame,

MONSIEVR,

Vostre, &c.

Le 20. Aoust 1648.

A MONSIEVR
de la Thibaudiere.

LETTRE XXIX.

Monsievr,
Ie viens d'apprendre qu'on vous a vû à six lieuës d'icy, & vous serez peut-estre assez bon, pour me venir dire vous mesme de vos nouuelles. Mais cependant, si l'orage de vos troupes s'approchoit de nos villages, & que celuy de ma Re-

sidence en fust menacé, vous sçauez bien ce que i'ay droit d'exiger de vous en telle occasion. Ie vous demande toute la faueur que vous auez auprés de Monsieur le Marquis d'Aumont, & vous ordonne de faire de mes interests les vostres propres. L'Amitié est imperieuse, & ses termes sont absolus: Vous auez leu les grandes choses qui en ont esté escrites par Ciceron, par Lucien, & par nos autres bons amis de l'Antiquité. Ie pretens d'estre aymé de vous de cette belle maniere, quoy qu'elle ne se trouue plus que dans les Histoires, & que ie sçache que le bruit commun ne fauorife pas en cecy voftre vertu. Il vous accufe de fentir peu les douleurs d'autruy, & d'eftre guery d'vne infirmité, dont il eft honnefte d'eftre malade. Mais quand il ne vous accuferoit pas à faux, & que vous feriez plus Stoïque que Chrifippe & que Cleanthes, ie veux croire que ce feroit moy qui vous rendroit les paffions que la Philofophie vous auroit oftées, & qui ferois la premiere breche dans voftre cœur. Le bruit commun a pourtant menty, & la Renommée vous calomnie. Ce cœur eft entamé pour moy il y a long temps, & il eft certain que ie ne suis pas moins voſtre cher & bien-aymé, que ie suis,

MONSIEVR,

      Voſtre, &c.

Le 15. Feurier 1642.

LETTRES
CHOISIES
DV Sr DE BALZAC.
LIVRE DEVXIESME.

A MONSIEVR
de ✶✶✶✶.
LETTRE I.

MONSIEVR,
Vostre lettre du mois de Iuin, m'a esté renduë à la my-Aoust,

& i'y fais responſe dans vn eſtat à faire pitié, beaucoup plus qu'à donner conſolation. Mes anciens maux me ſont reuenu attaquer depuis quelque temps: Mais auec vne migraine de recreuë, qui me tourmente de telle ſorte, que ce ſeroit merueille ſi vne douleur ſi voiſine de l'eſprit, m'en laiſſoit libres les fonctions. Vous ſerez aſſez bon, ie m'aſſeure, pour me pardonner mon impuiſſance, & ne pas trouuer mauuais qu'en cette generale diſſipation de mes plus raiſonnables penſées ie ne puiſſe vous rendre or pour or, & belles choſes pour belles choſes. Il me ſuffit, Monfieur, d'eſtimer extrémement, comme ie fais, voſtre ſubtile & bien-diſante triſteſſe: Mais ie vous diray neantmoins, que ſi elle vouloit paſſer outre, fuſt-ce en la compagnie de tous les Argumens & de toutes les Figures, ie me permettrois de n'en pas approuuer la perſeuerance. Ie vous demanderois volontiers qu'eſt-ce que vous pretendez faire de cette pompeuſe exageration de voſtre malheur; & de tant d'art & d'ornemens que vous employez à embellir voſtre perte? Au lieu de la laiſſer vieillir, & emporter enfin par le temps, il ſemble que vous vouliez la renouueller par le souuenir, & en faire vne feste de tous les iours. Au lieu de souffrir qu'elle s'efface peu à peu de vostre esprit, vous cherchez les plus viues & les plus durables couleurs, afin de la conseruer toujours fraiche & toujours recente; afin de la peindre, si vous pouuiez, pour l'eternité. Mais comment y auroit-il d'eternité pour la fragilité des peintures, puis qu'il n'y en a pas pour la dureté des marbres ? Les années les gastent & les consument; il s'en fait des esclats & de la poussiere; ils reuiennent à leur premier rien. Et c'est par cét endroit, Monsieur, que ie viens en passant

sant d'apperceuoir, que ie pourrois principalement vous attaquer, & vous sommer de vous
rendre de la part de la Raison.
Nous auons perdu en nostre
Amy vn tres-digne Senateur,
ie le vous auoüe : Mais le Senat mesme se perdra, & vn iour
il n'y aura pas plus de Conseil-
lers de Paris que de Peres Conscripts de Rome, & d'Areopa-
gites d'Athenes. Nous auons
perdu dans le mesme Amy vn
Mathematicien, vn Orateur,
& vn Poëte, ie vous l'auoüe
derechef: Mais ne sçauez vous
pas que les hommes ne viuent
que parmy des pertes; qu'ils ne
cheminent que sur des ruines:

K

Et combien y a-t-il, ie vous prie, que les Mathematiciens, que les Orateurs, que les Poëtes meurent? On deuroit estre accoustumé à semblables accidens: Ils sont aussi anciens que le Monde, & nous les trouuons estranges, comme si c'estoit vne nouueauté d'auiourd'huy. Ce ne sont point des prodiges : Ce sont des choses vulgaires & familieres ; Et celuy qui a dit, *qu'il n'y a eu que la premiere mort, non plus que la premiere nuit, qui ait merité de l'estonnement & de la tristesse,* a dit vne verité, sur laquelle il faudroit faire plus de reflexion que nous ne faisons. Tout,

Monsieur, tout sans exception est condamné à la mesme peine : Et non seulement les Parlemens & les Iuges ne sont pas des choses immortelles ; mais encore les Sçiences periront, aussi bien que les Sçauans, & la hauteur de l'Astrologie ne sera pas plus priuilegiée que la bassesse de la Grammaire. Dieu qui doit ruiner les Cieux pour en bastir de plus beaux, ne conseruera pas les Globes & les Astrolabes, en destruisant leur obiet. Il ne nous laissera point nos petites connoissances dans le bien-heureux AVENIR qu'il nous prepare, parce que nous n'aurons pas le loisir de nous y ioüer, & que nostre félicité sera toute serieuse. Il abolira la Prose & les Vers: Il supprimera les Oraisons & les Hymnes, & tous les autres moyens imparfaits de parler de luy, pour donner lieu à vne plus noble & plus excellente maniere de le loüer. Ie ne sçaurois donc trouuer estrange, quoy que puissent dire vos exclamations, que les Artisans & les ouurages finissent, puis que les arts & les modeles doiuent finir. Mais d'ailleurs, Monsieur, cette fin ne me semble pas estre vn grand mal; Et ie suis si peu satisfait du Monde, que ie n'ay garde de plaindre qui que ce soit, pour n'y estre plus. Il y a trente-cinq ans que ie m'y ennuye, & que tout m'y fasche; que ie murmure, & que ie crie contre luy. Mes seuls amis sont les seuls obiets qui ne m'y sont pas desagreables; Et vous voulez bien que ie vous mette de ce nombre-là, puis que ie suis auec passion,

MONSIEVR,

Vostre, &c.

Le 19. Aoust 1638.

A MONSIEVR
L'huillier, Conseiller du Roy en ses Conseils, &c.

LETTRE II.

MONSIEVR,
Mon oisiueté est perpetuëllement occupée : Ie n'ay ni affaires ni loisir : Ie ne fais rien, & ie ne cesse iamais. Ma mauuaise honte m'a imposé cette seruitude volontaire, qui m'a-

muse le plus souuent à des choses inutiles, & m'empesche de m'acquiter des legitimes deuoirs. C'est à mon opinion, ce qui vous iustifiera mon silence, & vous obligera de me plaindre, au lieu de me condamner. Ie vous dois vne lettre il y a long temps, & la nouuelle de la mort de Monsieur de Peyresc, exigeroit de moy quelque chose de plus qu'vne lettre, si ie me conseillois aux premiers mouuemens que i'ay eus, & à la coustume qui se pratique. Mais toutes sortes d'offices ne se doiuent pas rendre à toutes sortes de personnes. Ce seroit offenser la Philosophie, & douter de la profession que vous en faites, de vous traiter comme les hommes vulgaires, & ie voy bien que Seneque a consolé des femmes & vn valet, mais ie ne voy pas que personne ait iamais osé consoler Seneque. Ie demeure d'accord auec vous, de ce que vous dites de plus haut & de plus magnifique de vostre Amy : Et si vous me permettez de me seruir en François d'vne parole empruntée de Grece, i'aiouste que nous auons perdu en ce rare Personnage *vne piece du naufrage de l'Antiquité, & les reliques du Siecle d'or.* Toutes les vertus des temps heroïques s'estoient retirées en cette belle Ame. La corruption vniuerselle ne pouuoit rien sur sa bonne constitution, & le mal qui le touchoit, ne le soüilloit pas. Sa generosité n'a esté ni bornée par la Mer, ny enfermée au deça des Alpes : Elle a semé ses faueurs & ses courtoisies de tous costez : Elle a reçeu des remercimens des extremitez de la Syrie, & du sommet mesmes du Liban. Dans vne fortune mediocre il auoit les pensées d'vn grand Seigneur, & sans l'amitié d'Auguste il ne laissoit pas d'estre Mecenas. De sorte qu'apres cela, ie n'ay pas beaucoup de peine à vous auoüer qu'il conseruoit à la France la premiere gloire de sa franchise, & la bonne opinion que les Estrangers ont encore d'elle. Ie croy aussi bien que vous, Monsieur, qu'il sera pleuré de tout ce qu'il y a de grand & d'illustre, de raisonnable & d'intelligent, dedans & dehors le Royaume. Ie m'asseure que l'Italie en fera commemoration en ses doctes Assemblées, & qu'au Siecle des Princes Barberins, Rome ne peut pas estre indifferente pour vne memoire si chere aux Muses. Ie ne doute pas mesmes que le Saint Pere, qui l'a estimé, ne le regrette, & qu'au milieu de la lu-

miere qui l'enuironne au deſſus de nous, il ne ſouffre que
ce nuage monte d'icy bas iuſques à luy. Mais de toutes ces
choſes, & de beaucoup d'autres, que vous m'eſcriuez beaucoup plus eloquemment que ie
ne ſçaurois vous les redire,
vous pouuez prendre vous-
meſme la conſolation que vous
voulez qu'vn autre vous donne. Si la perte que vous auez
faite, ne vous eſtoit commune
auec cette noble multitude, &
ſi les Souuerains & les Peuples
n'eſtoient intereſſez en voſtre
douleur, vous auriez peut-eſtre
trop de peine à la ſupporter
toute entiere: Mais veû qu'il n'y

a personne qui ne vous en soulage d'vne partie, vous ne voudriez pas nier qu'il n'y ait de la douceur dans vne affliction qui vous fait auoir tout le monde de vostre costé, & que si vous-vous estimez mal-heureux, vous ne le soyez auec quelque sorte de contentement. Il y a certes, ie ne sçay quoy qui chatoüille dans les blessures de cette nature : Et quand les Princes sont meslez parmy les particuliers, & que Paris se ioint aux Prouinces, dans vne mesme societé de tristesse, que sert-il de vouloir faire pitié ? C'est vn deüil qui n'est gueres moins beau qu'vn triomphe. Les loüanges & les acclamations de dehors oſtent toute l'amertume & toute l'aigreur aux regrets & aux plaintes domeſtiques ; Et il me ſemble que la poſſeſſion de la gloire, qui n'eſt aſſeurée que par la mort, vaut bien trois ou quatre mauuaiſes années, qui pouuoient eſtre aiouſtées à la vieilleſſe. Ce ſeroit à cette gloire que ie m'eſtimerois heureux de pouuoir contribuër quelque choſe, & pour cela ie vous offre mes mains & ma peine, quoy que ce ne ſoit pas vous offrir des Coloſſes ni des Pyramides. Toutesfois, Monſieur, n'en deſplaiſe à ceux qui ont l'imagination plus vaste que grande, & qui voudroient mettre en œuure les forests & les montagnes entieres, i'ay oüy dire que quelques Artisans ont trauaillé en petit auec loüange. Sans estre prodigue de son estoffe, on peut estre remarquable par son art, & ramasser de la force en peu de paroles, au lieu de la dissiper par de longs discours. Il y a assez de mauuais Prescheurs dans le Monde, & assez de mauuaises Oraisons funebres : Ie vous supplie que ie n'en augmente point le nombre, & que ie ne sois pas de ces ennemis officieux, qui persecutent ainsi à bonne intention la patience des Viuans & la memoire des Morts. I'ay trop de defir de vous plaire, pour me mettre en hazard de vous ennuyer, & quand vous feriez veritablement malade, ie n'eftime pas affez mes remedes, pour les effayer fur vne telle ame que la voftre. Ne trouuez donc pas mauuais que ie vous obeïffe d'vne autre façon que vous ne me l'auez ordonné, & que i'aille où vous defirez, mais par où il me femble que ie puis aller plus commodément. Faites-le trouuer bon auffi à Meffieurs du Puy, qui, à mon auis, ne font pas moins ennemis que moy des ridicules *Helas!* & des lamentations importunes; & qui preferent, fi ie ne me trompe, le plus court des Eloges de Tite-Liue, au gros volume de Difcours funebres, qu'on imprima apres la mort du feu Roy. Bien que les legitimes Apotheofes ne fe facent point ailleurs qu'en leur cabinet, & que ce foit là où l'eftime fe diftribuë, & où l'on declare les hommes Illuftres, ie ne laifferay pas, puis qu'ils le veulent ainfi, de faire ma deuotion à part, & ie n'ay garde de refufer place dans mes Efcrits à vne Vertu qu'ils ont defia mife dans le Ciel. Le contentement de mes Amis me fera tou-

sera toujours plus cher que ma propre reputation. Le moindre signe que vous me ferez, aura plus de pouuoir sur moy que cette letargie d'esprit, que vous me reprochez de si bonne grace. Et partant, quand ie deurois gaster la matiere que vous-vous figurez que i'embelliray, ne doutez point que ie ne sois tres-aisé de vous tesmoigner en cette occasion que ie suis,

MONSIEVR,

Le 15. Aoust 1640.

Vostre, &c.

L

Il est fait mention de cette lettre dans la vie de Monsieur de Peyresc, sur la fin du sixiesme liure ; Et sans rien dire de particulier du merite d'vne si excellente lettre, il suffit qu'on sçache qu'elle auoit esté desirée à Rome, deuant qu'elle fust escrite en France, comme il se voit par vne Epistre Latine de l'Abbé Bouchard, imprimée à Venize, en suite de l'Oraison funebre, prononcée dans l'Academie des Humoristes. Voicy les deux endroits, de l'Histoire & de l'Epistre.

Alias etiam præterео, quibus amici eruditique, in quorum pectoribus candor & gratitudo in-

habitat, vt dolorem testati sunt, sic consolationem mutuam adhibuerunt. Peruenere ad me complures, sed principem locum ea tenent, quibus Io. Ludouicus Guezius Balzacius, celebris ille scilicet, cui nemo non Gallicè modo sed Latinè etiam scribentium, elegantiæ palmam non facilè cedat, singulariter parentauit lib. VI. de vita Peireskij per Petrum Gassendum.

Tu verò interea, Nicolai Claudij Fabricij Peresci͉j τȣ̃ μακαρίτȣ *memoriam, qua soles pietate, colere perge; & Petrum Gassendium etiam atque etiam vrge, vt suos de eius vita commentarios, quàm maximè copiosos ocius* emittat. Sed in-primis à Rigaltio & Balzacio, hominibus in litteris quibus dediti sunt, summis atque perfectis, omni studio contende, vt æternis elegantissimorum scriptorum suorum monumentis, Heroem nostrum velint ad immortalitatem consecrare. Vale. Romæ. Kalendis Ianuarijs. An. C. N. CIƆCXXXVIII. Ex Epistola Ioannis Iacobi Buccardi ad Franciscum Olcarium, Regiarum rationum Lutetiæ Magistrum.

A MONSIEVR
de Bayers.

LETTRE III.

MONSIEVR,
Si i'eusse pluſtoſt ſçeu voſtre perte, ie vous euſſe pluſtoſt teſmoigné la part que ie prens en voſtre douleur. I'en viens d'apprendre le ſujet dans la Gazette, & ne doute point, quelque fort & muni de conſtance que vous ſoyez, que vous n'ayez eſté touché du coup qu'a reçeu

voſtre Maiſon, & qui ſera ſenti de toute noſtre Prouince. Sans offenſer la Nature, la Raiſon ne peut mettre pareils accidens au nombre des choſes indifferentes. La tendreſſe de l'ame n'eſt pas incompatible auec la fermeté de l'eſprit; & ceux qui ont veû couler leur propre ſang ſans émotion, ont eu pitié de celuy de leurs proches & de leurs amis. Mais apres tout, Monſieur, la Guerre ne ſe fait point d'vne autre façon; & il y a toujours eu du deüil & des larmes du coſté meſme de la Victoire. Eſperons qu'elle ramenera au logis celuy qui fait parler d'elle ſi ſouuent, & gardons-nous bien de desirer l'Empire du Monde, s'il nous deuoit couster vne si chere vie que la sienne. Il faut que dans cette vie vous trouuiez de la consolation pour toutes les Morts; & ce grand parent que vous auez, vous doit tenir lieu de tout ce que vous n'auez plus. C'est vn sujet perpetuel de satisfaction & de gloire, auec lequel il n'y a point d'apparence que vous-vous plaigniez, ni que ie vous plaigne. Ie le fais neantmoins, Monsieur, pour obeïr à la coustume: Et sçachant que la partie de l'ame qui souffre, est plutost frappée, que celle qui raisonne n'a paré le coup, i'ay crû qu'il falloit entrer dans voſtre reſſentiment, mais qu'il en falloit auſſi ſortir, par vne iſſuë que ſans doute vous auez choiſie. Ie veux eſperer que vous gouſterez à l'auenir des ioyes toutes pures; & que le Ciel qui vous ayme, vous garde des ſuccés, dans leſquels voſtre moderation vous ſera plus neceſſaire que voſtre conſtance. Pour le moins, ie le vous ſouhaite de tout mon cœur, eſtant, comme ie ſuis, tres-veritablement,

MONSIEVR,

Voſtre, &c.

Le 5. Iuin 1642.

A MONSIEVR de Villemontée, Conseiller du Roy en ses Conseils, Intendant de la Iustice, Police, & Finances en Poitou, Saintonge, Aunix, &c.

LETTRE IV.

MONSIEVR,

Vous direz, peut-estre, que mon zele est impatient, mais

quand vous deuriez dire qu'il est indiscret, il faut que ie vous enuoye ce porteur, & que ie sçache par son retour ce que ie ne puis ignorer sans inquietude. Lors que ie partis d'auprès de vous, ie vous laissay au meilleur estat, où l'estude de la sagesse puisse mettre vn esprit parfaitement raisonnable, & la lettre que vous m'auez fait l'honneur de m'escrire, ne m'apprend rien qui ne vous doiue confirmer en cette bonne disposition. Ie vous auoüe neantmoins, Monsieur, que le mot de tristesse, que i'ay leu parmy les autres, me donne vn peu à penser : Et en verité, il me fafcheroit qu'vne paffion endormie & molle, comme celle-là, gagnaft quelque auantage fur voftre vigilance & fur voftre fermeté. Il me fouuient des fages propos que vous me tintes dans la fraifcheur de la bleffure qui vous cuifoit, & vous n'auez pas oublié les grands exemples que vous-vous propofaftes, & qui eftoient fi prefens à voftre memoire le iour de noftre feparation. Ceux qui ont laiffé ces grands exemples, & fur le fujet defquels nous eufmes vn affez long entretien, n'eftoient heureux ou mal-heureux que du bon-heur ou du mal-heur de la Republique. Ils auoient tant d'amour pour leur païs, qu'il ne leur en restoit point pour eux-mesmes. Ils ne connoissoient point d'autres maux que les mauuaises actions, & le blasme de les auoir faites. Ils craignoient les fautes, & mesprisoient tout le reste. Si vous n'estes extrémement dissimulé, vous estes dans ces sentimens : Ce sont vos principes, comme les leurs. Et par consequent, Monsieur, tant que vous ferez le seruice du Roy, auec courage & intelligence, & que vostre robe longue luy espargnera vne armée au deça de Loire : Tant que vous-vous conseruerez l'estime de la Cour, sans perdre l'affection des Peuples, & que par voſtre dexterité l'amertume des remedes n'empeſchera pas que le Medecin ne ſoit agreable, ie ne ſçaurois croire que vous ayez beſoin d'eſtre conſolé, ni que le chagrin & les nuages d'vne ame affligée puiſſent durer deuant la gloire & la lumiere d'vne belle vie. Celuy que ie vous ay enuoyé m'apportera ſans doute, la confirmation de tout cecy, & le veritable ſens d'vn mot que ie ſeray bien aiſe de n'auoir pas bien entendu. Ma paſſion eſt ingenieuſe à me donner de la peine, mais voſtre bonté eſt, ce me ſemble, obligée de m'en tirer; & ie ne suis mauuais interprete de vos paroles, qu'à cause que c'est auec amour, qui n'est iamais sans allarme, que ie suis,

MONSIEVR,

Vostre, &c.

Le 1. Iuillet 1641.

A MONSIEVR de Lymerac de Mayat, Capitaine au Regiment de Conty.

LETTRE V.

MONSIEVR,
Ie n'ay garde de faire ce que vous desirez de moy : Ie ne sçay point plaindre vn homme, qui a tant acquis de gloire que vous: Vous estes plus digne de l'enuie des Braues que de la compassion

des Philosophes, & vos lauriers sont bien plus beaux que vos chaines ne sont rudes. La prison n'est pas vn si grand mal que vous-vous imaginez: Elle donne loisir de passer aux mauuaises influences. Elle reserue les hommes à vne plus heureuse saison; & peut-estre que nous vous aurions perdu, si nos Ennemis ne vous gardoient. Pour les *Brindes* d'Allemagne, dont vous me parlez auec douleur, & de la mesme sorte que des coups de baston de Turquie, il me semble qu'en cela vostre sobrieté est vn peu trop delicate. Il faut apprendre à hurler auec les loups, comme disent ceux qui

qui parlent prouerbe. Et sans
vous alleguer les grands Capitaines, ne sçauez vous pas que
les sages Ambassadeurs se sont
enyurez autrefois pour le bien
des affaires du Roy, & ont sa-
crifié toute leur prudence &
toute leur grauité à la necessité
du temps & à la coustume du
païs où ils estoient? Ie ne vous
conseille pas la desbauche def-
fenduë; Mais ie ne pense pas
qu'il y ait de mal de noyer quelquefois vos ennuis dans le vin
de Rhin, & de vous seruir de
cét agreable moyen d'accour-
cir le temps, dont la longueur
dure extrémement aux prison-
niers. Monsieur vostre Pere tra-

M

uaille cependant auec chaleur à vous procurer voſtre liberté, & vous deuez croire qu'il n'oublie pas ſes ſoins & ſon actiuité ordinaire, dans vne affaire qu'il a plus à cœur que toutes les autres. Pour moy, n'y pouuant contribuër que des ſouhaits, ie vous puis bien aſſeurer qu'ils ſont tres-ardens & tres-paſſionnez, & que ie ſuis autant qu'il eſt poſſible de l'eſtre,

MONSIEVR,

Voſtre, &c.

Le 15. Decembre 1645.

A MONSIEVR
de Priezac, Conseiller du Roy en ses Conseils d'Estat & Priué.

LETTRE VI.

MONSIEVR,

Il vaut beaucoup mieux estre malade aupres de vous, que se bien porter en vostre absence. Les plaisirs que ie reçois n'approchent point des soulagemens que vous me donniez, & voſtre compagnie eſt ſi bonne, qu'elle rend meſmes les maux agreables. S'il n'y a pas moyen d'en ioüir, à moins que d'eſtre boiteux, ie renonce à l'vſage de mes iambes, & demande à Dieu mon infirmité, pourueu qu'il me renuoye mon conſolateur. C'eſt à dire que ie ne puis plus me paſſer de vous. Dernierement ie n'auois que de l'eſtime pour voſtre vertu, que ie regardois ſans eſmotion, comme vn bien purement eſtranger : A cette heure i'ay de l'amour pour voſtre perſonne, qui m'intereſſe dans mon propre bien ; qui me pique & me refueille la nuit ; qui me donne de la ialoufie de Monfieur D'Efpeffes, de Monfieur l'Abbé de Cerify, de noftre tres-cher Monfieur de la Chambre ★★★★★★. Ie ne vous dis rien, Monfieur, de vos tres-doctes, & tres-eloquens Difcours : Monfieur Chapelain vous aura fait voir ce que ie luy en efcriuis, dans le rauiffement où ils me laifferent ; à quoy ie ne puis aioufter que ce petit mot du refte de mon admiration. O que la Verité eft puiffante entre vos mains, & que les bonnes caufes ont befoin de vous, pour eftre auffi fortes qu'elles font bonnes! Ie suis de toute mon ame,

MONSIEVR,

Voſtre, &c.

Le 3. Auril 1639.

A MONSIEVR
de Couurelles.

LETTRE VII.

MONSIEVR,
Apres vous auoir dit que vous honnorant parfaitement, comme ie fais, ie ne puis pas estre mediocrement touché de la perte que vous auez faite, ie n'ay garde de m'engager dans le lieu commun des Consolations. Ie ne presche point la

fermeté à vn homme qui s'est tenu droit plus d'vne fois sur les ruines publiques, & qui nous a donné des exemples. Vous estes celuy que ie voudrois estre, & le *Constanter* de Monsieur Huggens, qu'il a pris pour sa deuise, parce qu'il se nomme *Constantin*, vous appartient bien plus iustement que si vous n'auiez droit de le prendre qu'en vertu d'vne allusion à vostre nom. Ie suis, au reste, trop obligé à cét honneste Hollando-François, du souuenir qu'il a de moy, & des belles paroles qu'il vous a escrites, pour me les faire sçauoir. Mais puis qu'il a peur de m'incommoder par des lettres inutiles, il me semble que ie dois bien auoir autant de respect pour ses occupations, qu'il a de bonté pour ma paresse, & que ie feray sagement, de ne point prendre de peine à luy en donner. Il m'enuoya il y a cinq ou six mois la figure d'vn Palais qu'il a fait bastir, & me manda qu'il m'y preparoit vn appartement. Puis que ie suis si mal-heureux que de ne vous pouuoir aller rendre mes deuoirs iusques à saint Bris, difficilement passeray-ie la mer, pour aller prendre possession de cét appartement qui m'est preparé. Mais sçachant, Monsieur, que vous auez vne exquise connoissance de la delicatesse des Arts, & que vous-vous delectez de belles figures, i'ay crû que vous ne seriez pas fasché de voir celle-cy, & qu'vne Maison qui est sçauante dedans & dehors, & qui a des Spheres pour ses girouëttes, meritoit d'auoir vn tel hoste que vostre esprit. Ie vous supplie donc d'en vouloir agréer la peinture, pour en iuger mieux que ie ne fais, & de trouuer bon que dans la disette presente de mon village, ie vous regale de ce qui me vient

de païs estrange. Ie suis toujours auec passion,

MONSIEVR,

Vostre, &c.

Le 2. Iuillet 1641.

A MONSIEVR

L'Huillier, Conseiller du Roy en ses Conseils, &c.

LETTRE VIII.

MONSIEVR,

I'en croy encore plus que vous ne m'en auez escrit. Ie ne doute point que le deüil n'ait esté general au lieu où vous estes, & que vous n'ayez fait pleurer le Parlement, la Garnison & le Peuple. Vostre eloquence rend vostre douleur contagieuse. Et quelle glace, ie ne dis pas de Lorraine, mais de Noruege & de Moscouie, ne fondroit à la chaleur de vos belles larmes ? Quel Barbare pourroit s'empescher de s'adoucir, & de prendre part à vos maux, s'il vous auoit oüy plaindre auec des termes si patetiques, & qui passent si aisément d'vn esprit à l'autre ? Pour moy, qui croy auoir perdu vn amy, aussi bien que vous, en la personne de Monsieur d'Aligre, ie n'ay eu besoin ni d'exemple, ni de persuasion, pour estre excité à luy rendre mes tristes deuoirs, & auant que i'eusse reçeu vos lettres,

I'auois nommé cruels les Dieux
& le Destin.

Si vous en desirez dauantage, & si ie puis contribuër quelque chose à la consecration d'vne memoire qui m'est desia sainte, vous sçauez bien que vos desirs me tiennent lieu de commandemens, & ie vous promets de ne m'espargner pas en cette occasion. Ie seray tres-aise de faire vn acte d'obeïssance, en faisant vne œuure de pieté; & i'inuoque dés à present nos Deesses, afin qu'elles me dictent des lignes qui puissent durer, au lieu que la vanité des hommes taille des marbres qui periront, &c. Ie suis,

MONSIEVR,

Voſtre, &c.

Le 18. Ianuier 1642.

A MADAME des Loges.

LETTRE IX.

MADAME,
I'ay reçeu voſtre lettre ſur le point du voyage anniuerſaire de ✶✶✶✶. Puis que vous eſtes ſi bonne que de luy donner audience, quand il ſe preſente deuant vous, ie ne veux qu'entamer icy la matiere qu'il vous debitera à Oradour. Il vous fera, Madame, vne tres-pitoyable

pitoyable Relation. Vous sçaurez de luy que mes maux durent toujours, & que les soulagemens que i'auois, commencent à me manquer. Mon esprit s'opiniastre dans son chagrin. Il se laisse aller à vne langueur qui le rend incapable de toutes les nobles fonctions, dont vous me parlez. La seule viande qu'il ne trouuoit pas amere, le desgouste auiourd'huy, comme les autres, & mes liures ne sont plus mes consolateurs. Quel moyen de mesler des pensées ioyeuses parmy les obiets funestes, qui nous enuironnent à droit & à gauche ? Comme quoy iouïr tranquillement du

N

Present, qui n'est pas bon, à la veille d'vn Aduenir, qui doit estre pire, & qui menace tout le monde de faim & de pauureté. I'auouë que ie ne suis pas monté à vn si haut degré de Philosophie : ★★★★ dit mesme que ce seroit vn Equiuoque qui rendroit ridicule la Philosophie. Il dit qu'il ne faut plus lire que les Lamentations de Ieremie, ni plus escrire que son Testament. I'en suis presque reduit là, & n'ay pas le courage de reprendre l'exercice que i'ay quitté. Si ce n'est, Madame, que vostre commandement absolu interuienne là dessus, & que vous pensiez auoir besoin de quelques vnes de mes paroles. Ie vous enuoye celles que vous m'auez demandées, & que i'ay tirées du fonds de mon cœur. Elles manquent peut-estre des graces & des ornemens que vous attendiez d'vn Rhetoricien; mais à mon aduis, elles ne laisseront pas de vous tesmoigner que celuy qui les a escrites, est parfaitement,

MADAME,

Le 12. May 1640.

Vostre, &c.

A MADAME des Loges.

LETTRE X.

MADAME,

I'ay sçeu d'vn de mes amis, venu nouuellement de Hollande, la perte que vous auez faite deuant Breda : Mais iugeant de vostre douleur par la connoissance que i'ay de vostre bon naturel, & ne doutant point qu'elle ne soit plus granne que les ordinaires, ie ne suis pas assez hardy pour entreprendre d'y mettre la main. Ce sont des maux contre lesquels les remedes estrangers n'osent agir, ou agissent inutilement. On peut ne pas pleurer auec vous, mais on ne peut pas condamner vos larmes : Les plus austeres Philosophes suspendent icy la seuerité de leurs Decrets ; & Zenon seroit pire que Phalaris, si dans la violence qu'il exerce sur les passions humaines, il n'espargnoit la pieté naturelle. Ainsi il n'y a que vous, Madame, à qui appartienne le droit de vous consoler. Vous estes seule capable de vous rendre cét office, & de toucher à l'affliction que ie respecte. Vous le ferez aussi, ie m'asseure, auec succés; & sçachant bien qu'il se trouuera dans vostre ame autant de force que de tendresse, ie ne croy pas que contre l'ordre des choses, vous vouliez que la force obeïsse, & que le plus foible emporte le plus puissant. Autrefois ie vous ay oüy si peu estimer la vie, que par vos propres maximes ce n'est pas vn grand mal que d'estre mort. Et quand vous ne seriez plus de cette opinion, vous m'auouërez que l'absence qui separe ceux qui viuent de ceux qui ne viuent plus, est vne chose trop courte pour meriter vne longue plainte. La cause des douleurs opiniastres ne peut estre soustenable qu'en presupposant vne eternité en cette vie, ou vn desespoir de la vie future. Mais l'exemple mesme des personnes que nous regrettons, destruit la premiere presupposition, & la derniere ne compatit pas auec les promesses du Fils de Dieu. Si bien, Madame, que ie ne me souuiendrois plus du commun fondement de nostre creance, si ie consentois à l'obstination de vostre tristesse; & d'ailleurs i'aurois oublié que ie traite auec vne Femme, qui sçait faire aux Hommes d'excellentes leçons de sagesse, & auec vne Mere, qui ne cede point en courage & en magnanimité à toutes les Meres de Lacedemone. Ie me contenteray donc de vous representer, pour esloigner de vostre esprit les pensées vulgaires, que ce n'est pas en vain que nous vous appellons Heroïne; & de vous dire en suite, pour satisfaire à la verité & à mon affection, qu'il n'est pas possible que ie ne sois malade, de tous vos maux, estant comme ie suis, de toute mon ame,

MADAME,

      Vostre, &c.

Le 16. Decembre 1638.

A MONSIEVR
de Borstel.

LETTRE XI.

MONSIEVR,

Il y a des termes pour plaindre les autres afflictions, mais il n'y en a point pour exprimer cette-cy, & ie vous auoüe que ie ne sçay ce que i'ay fait de mon esprit, depuis la perte que nous auons faite. Ie suis aussi estonné que si le Soleil estoit cheu du Ciel; & au lieu d'aller

mesler mes larmes auec les vostres, ou apprendre de vous à
me consoler, ie demeure icy
sans mouuement & sans action;
aussi dur, aussi pesant, aussi in-
sensible qu'vn des rochers de
mon Hermitage. Vne ame in-
terdite par la douleur ne sçauroit se seruir de la raison. Mes
maximes Stoïques sont renuer-
sées: Zenon & Chrysippe m'ont
abandonné. *Hîc me & Philoso-
phia & eloquentia & loquentia
ipsa deficit.* Que feray-ie? Que
diray-ie dans les frayeurs d'vne
Eclipse si funeste à ceux qui font
profession de la Vertu; dans le
deüil, dans la desolation de nostre Parnasse? Tout est aueugle;

Tout est sourd; Tout est muët
chez les Muses. Ie n'ay donc
plus rien à dire, si ce n'est encore vne fois, que i'ay perdu
l'vsage de la parole, à la reserue de ces trois mots, qui vous
asseureront que tel que ie suis,
ie veux estre toute ma vie,

MONSIEVR,

Vostre, &c.

Le 1. Septembre 1641.

A MONSIEVR Ménage.

LETTRE XII.

MONSIEVR,
Puis que vous auez oüy parler d'Alcimedon, & que vous auez enuie de le voir, il faut vous faire passer vostre enuie. Mais ie vous auertis que ce n'est point vn Alcimedon trauesty, comme on vous a dit, & que par vn Gentil-homme Romain

ie n'entens point vn Seigneur François. Personne n'est caché sous cette figure. C'est vn naturel & veritable Romain; de la race, ou des Fabrices, ou des Fabies, ou des Scipions; choisissez laquelle il vous plaira. Il mourut à Rome de maladie, le iour de deuant que la ville fust prise par le Duc de Bourbon, qui commandoit l'armée de l'Empereur Charles. L'Histoire à la verité ne parle point de ce *dernier des Romains*, mais la Tradition me l'a descouuert, & vous sçauez bien que i'ay eu plusieurs conferences auec le Marquis Pompeo Frangipane, qui eſtoit vn threſor des choſes de ſon païs. Ie ſuis depuis quelque temps en tres-mauuaiſe humeur contre tout ce que ie fais, & mes plus cheres compoſitions ne me plaiſent point vn iour tout entier: Ie vous auoüe neantmoins, que cette-cy ne m'a pas encore deſplû, & que ie ſuis conſtant pour Alcimedon. Ie ſçauray de vous, ſi mon inclination iuge bien, & ſi i'ay de legitimes amours.

Riualiſque vtinam noſter dignum Alcimedonta
Igne tuo credas, Licini; Tunc ſe omnibus vnum

Romulidis, meliorque etiam
quos protulit Hellas,
Præferat Alcimedon.
Ie suis,

MONSIEVR,

Vostre, &c.
Le 15. Septembre 1643.

A MONSIEVR
Ménage.

LETTRE XIII.

Monsievr,

Il a pris fantaisie à mon Docteur de vous faire vn Recueïl de Vers funebres, & de les aiouster à l'Alcimedon : Il ne tient pas mesme à luy qu'il ne vous en face les Argumens, & qu'il ne vous borde d'Annotations la marge de chaque piece. Ie l'ay

Ie l'ay remercié de sa bonne volonté, & n'ay pas crû auoir besoin de Grammairien. Il n'y a
point de mal neantmoins, que
vous sçachiez ce qui donna lieu
aux *Larmes ridicules*, que vous
trouuerez sur la fin de son Recueïl. Ce fut la mort d'vn vieux
Poëte de l'Vniuersité, connu
par sa mauuaise mine, & par ses
mauuaises chausses; disciple de
Iodelle, & proche parent d'A-
madis Iamin; grand faiseur de
Madrigals, de Balades, & de
Villaneles. Depuis trente ans il
n'estoit desçendu qu'vne fois
du mont Saint-Hilaire, pour
passer les Ponts. Il chaumoit la
Feste de Saint Iean porte-La-

O

tin, plus religieusement que celle de Pasques. En François il ne disoit iamais que *Iupin* ; Il n'appelloit iamais le Ciel que *la calote du Monde* ; Il rimoit toujours *trope à Calliope:* Il n'eust pas voulu changer *cil* pour *celuy*, quand bien la mesure du Vers le luy eust permis: Il tenoit bon pour *pieça*, pour *moult*, & pour *ainçois*, contre les autres aduerbes, à ce qu'il disoit, plus ieunes & plus effeminez. La nouuelle qui fut apportée de sa mort au lieu où i'estois, par vn Pedant son admirateur, auec cette redite perpetuelle, *Le grand dommage que c'est!* me fit rire à l'heure mesme d'assez bon cœur; mais le lendemain, comme vous verrez, ie voulus rire en Philosophe, & me ietter bien auant dans le *cosi va discorrendo*. La moralité est vn peu longue: Peut-estre qu'elle ne sera pas ennuyeuse : Et si vous prenez garde à sa derniere partie (on l'appelle icy *l'Oraison funebre du Cardinal du Perron*) vous m'auoüerez que vostre Amynte n'est pas mauuais imitateur de vostre Lucrece. Si en suite vous ne connoissiez pas VRANIE, cette Nimphe que i'ay tant loüée, & que ie pleure si amerement, ie vous auertis que c'est feüe ma bonne Amie Madame des Loges, qui durant sa vie a esté appellée plus d'vne fois, & par plus d'vn Academicien, *la Celeste*, *la Diuine*, *la dixiesme Muse*, *&c.* qui a esté estimée dedans & dehors le Royaume, par les testes couronnées, par les demy-Dieux de nostre Siecle, par Monseigneur le Duc d'Orleans, par le Roy de Suede, le Duc de Weymar, &c. I'ay quelque opinion que les Vers qui celebrent sa memoire, (ie parle de l'Eloquente VRANIE) valent bien ceux qu'vn certain Antipater Sidonien a faits sur la mort de la sçauante Saphon. Vous en iugerez souuerainement : Et pour cét effet ie vous enuoye l'original Grec de l'Epigramme du Poëte de Sidon, auec la version Latine du Docteur de ★★★ de laquelle il faut aussi que vous iugiez en dernier ressort. Ie suis de toute mon ame,

MONSIEVR,

Vostre, &c.

Le 9. Aoust 1644.

A MONSIEVR Fremin, Conseiller du Roy en ses Conseils, Intendant de la Iustice, Police, & Finances, en la Generalité de Limoges.

LETTRE XIV.

MONSIEVR,

En partant de ce païs vous m'auez laissé vn aiguillon dans le cœur, qui me pique sans cesse du desir de vous reuoir. Noſtre derniere conuerſation, où ie fus voſtre perpetuël auditeur, acheua d'entamer cette partie, & m'imprima de ſi agreables images dans l'eſprit, que ie n'ay fait depuis autre choſe que benir l'heure que vous me donnaſtes, & porter enuie à mes chers Amis les *** qui vous emportent des iours entiers. Ils ſont heureux, s'ils connoiſſent leur bonne fortune, & s'ils ſçauent que la taxe de Commiſſaire eſt le moindre gain qui ſe peut faire aupres de vous. Ie ſçay bien pour moy, quels auantages on tire de cette proximité: Et quoy que ie n'ayme rien tant que le calme, & que toute sorte de bruit m'incommode, ie vous auoüé que le son de vos paroles m'auoit desaccoustumé auec plaisir, du silence de la Solitude. Puis que vous ne mesprisez pas les fruits qui y naissent, ie vous enuoye par Monsieur de ✶ ✶ ✶ ce qu'elle a produit dans la secheresse de la saison. La nouueauté peut-estre vous en plaira: Et parce que vous aymez Tacite, & que vous ne haïssez pas Monsieur le Cardinal de la Vallette, i'ay crû que vous ne seriez pas fasché de voir vn Escrit, qui vous fera souuenir de l'vn & de l'autre. On a gousté à Paris ma nouuelle façon de confoler, & la methode dont ie me fers, pour traiter les Malades Illuftres, & appaifer leur douleur en la chatoüillant. Mais bien que la piece ait eu le fuccés que ie pouuois defirer, & qu'elle paffe pour Original, apres tant de Confolations qui ont efté faites dans le Monde, depuis que l'on meurt, & que l'on eft affligé, vous en iugerez, s'il vous plaift, Monfieur, fans auoir efgard à tous les iugemens precedens. Vous prononcerez, de plus, fouuerainement fur le procés que i'eus il y a quelques années en Hollande, & dont Monfieur de ✶ ✶ ✶ vous porte les Escritures. Mon Copiste y a adiousté la lettre escrite sur le Cid, qui est encore matiere de controuerse, & qui appartient à cette fameuse cause, qui partagea tous les Esprits de la Cour. Si le seruice du Roy vous r'appelloit à Angoulesme, ie vous chercherois d'autres diuertissemens parmy mes papiers; Mais aussi, si vous-vous trouuiez d'auenture sur le chemin de Saint Iean d'Angely, & à cinquante pas de Balzac, ie veux croire que vous ne me feriez pas vn second affront, en me refusant vne visite, où il y a tant de profit à faire à vn hoste qui sçait bien escouter. Il ne se peut que vous n'ayez quelque remors de m'auoir si mal traité ; Et sans doute vous prendrez la peine vne autre fois de descendre de la colline dans le vallon, & de passer vn filet d'eau pour l'amour de moy, qui trauerserois vn bras de Mer, & ne craindrois pas mesme le grand Ocean, pour vous tesmoigner que ie suis,

MONSIEVR,

Vostre, &c.

Le 5. Iuillet 1639.

A MONSIEVR le Marquis de Montaufier, Gouuerneur & Lieutenant General pour le Roy en Alface, &c.

LETTRE XV.

MONSIEVR,
Vous sçaurez de Monsieur Chapelain, auec quel respect i'ay receu l'honneur que vous m'auez fait, de vous souuenir

de moy: Mais il faut que vous sçachiez de moy-mesme, combien ie me sens obligé à la belle maniere, dont vous auez voulu exprimer voſtre souuenir. Vous me consolez, Monsieur, & bien glorieusement, de tout le temps, & de tout le papier que ie croyois iusqu'icy auoir perdu; Et quand ie n'aurois trauaillé que pour vne Cour ingrate, & pour des Grands sans ressentiment, estimant mon trauail au point que vous l'estimez, ie ne demande rien à personne, vous m'auez payé ce que les autres me doiuent. Est-il vray que non seulement i'amuse voſtre loisir, mais aussi que ie guerisse vostre tristesse; & que des ouurages, qui n'estoient que les iouets des Oysifs, soient deuenus les remedes des Affligez? Puis que vous y trouuez tant de goust, i'aymerois mieux, pour l'amour de vous, les appeller la nourriture des Sages : Et s'ils meritoient ce nom-là, ie demanderois à Dieu, encore pour l'amour de vous, la fertilité de ce bon Prelat, qui a semé de Liures toute la France, & qui contoit dernierement le soixante-quinziesme de ses volumes. Ce seroit afin de vous en enuoyer des Conuois de temps en temps, & d'obliger par mon exemple ceux qui font languir les troupes du Roy, à ne vous laisser non plus manquer d'argent & de munitions, que i'aurois soin de vous fournir d'Histoires & de Discours. L'importance est, Monsieur, que vous donnerez les sujets de ces Histoires & de ces Discours, si on vous donne dequoy entreprendre & dequoy agir: Et la part que vous auez euë à la miraculeuse année du Duc de Weymar, ne nous permet pas de douter, que comme vous auez esté vn des compagnons de ses actions, vous ne soyez vn des heritiers de ses pensées. Elles seroient trop grandes, pour tenir dans des cœurs de mediocre capacité, & accableroient de leur force les ames communes. Mais, Monsieur, quelle opinion pensez-vous que nous ayons de l'esleuation de la vostre, & que croyez-vous que nous-nous promettions de vostre destin, Monsieur Chapelain & moy? Des choses si hautes & si extraordinaires, que pour ne rien dire dauantage, elles estonnent ses Vers & ma Prose, & me reduisent presque à la simple protestation que ie vous fais en ce lieu, d'estre,

MONSIEVR,
        Vostre, &c.

Le 25. Nouembre 1638.

A MONSEIGNEVR
l'Archeuesque de Co-
rinthe, Coadiuteur
de l'Archeuesché
de Paris.

LETTRE XVI.

MONSEIGNEVR,

C'estoit assez d'agréer le petit present que ie vous ay fait; mais c'est trop de me remercier de si peu de chose. Ie ne m'attendois pas à cette seconde faueur, & croyois que la bonne fortune de mon liure deust finir par la bonne reception que vous luy feriez. Vous auez voulu faire dauantage : Vous auez consacré auec des paroles d'estime, vn hommage qui vous auoit esté rendu auec des pensées de défiance & de crainte. Qui ne craindroit en effet, des yeux si subtils & si penetrans que les vostres ; qui trouuent les defaux les plus cachez, & sont blessez par les plus legeres taches ? Qui ne les craindroit, Monseigneur, pour des compositions si mal-acheuées que les miennes ; si despourueuës de l'art de la Cour ; presque aussi irregulieres que les bastimens de nostre village? Elles paroistroient en meilleur estat, n'en doutez pas, si i'auois l'honneur de vous approcher, & d'estre de ces Bien-heureux qui vous escoutent, lors qu'enseignant à bien viure, vous donnez des exemples de bien parler. Ie conte entre les disgraces de mon exil, les pertes que ie fais icy de ces vtiles & agreables enseignemens; de ces torrens d'or, qui tombent de vostre bouche, & dont vous enrichissez vostre Peuple. C'est vn grand mal-heur, il faut l'auoüer, de n'estre plus du Monde en vn temps que le Monde est si beau à voir ; Et ce n'est pas vn petit acte de moderation, de se contenter du silence de l'Hermitage, à cette heure qu'il y a dans l'Eglise vn autre Fils du Tonnerre, & que vous traitez des choses diuines, auec toute la force & toute la dignité dont est capable l'Eloquence humaine. Pour le moins, Monseigneur, s'il ne m'est pas permis de iouïr, il ne me sera pas defendu d'aymer & de desirer. Ie verray auec plaisir le progrés de vostre gloire, dans les lettres que i'attens de Monsieur Chapelain : Ie liray auidement dans les Relations que ie demande à Monſieur Ménage, l'hiſtoire de vos Auens, & de vos Careſmes, c'eſt à dire des acclamations & des applaudiſ-ſemens de Paris. Peut-eſtre meſme qu'il aura la charité de me faire vne plus grande part de ſon bon-heur, & qu'il m'en-uoyera pour la conſolation de ma ſolitude, quelques extraits des bonnes & belles choſes que ſa memoire aura conſeruées. Ainſi ie ne ſeray pas tout à fait abſent, ou ne perdray pas pour le moins tout ce qui ſe gagne en mon abſence : Ie taſche-ray par là d'adoucir le deſplai-ſir que i'ay de ne pouuoir eſtre

P iij

voſtre auditeur tres-deuot, &
tres-attentif, comme ie ſuis,

MONSEIGNEVR,

Voſtre, &c.

Le 1. Decembre 1644.

A MONSIEVR
le President Maynard,
Conseiller du Roy
en ses Conseils.

LETTRE XVII.

MONSIEVR,
L'homme dont on m'auoit tant parlé, est en ce païs, & nous-nous sommes desia veus trois ou quatre fois. Ie l'ay attaqué de toute ma force : I'ay fait tout ce qui m'a esté possi-

ble, pour luy oster ses mauuaises opinions. Mais ie vous auouë qu'il est plus dur que ie ne suis fort, & vous direz à nos Amis de Thoulouze, que i'ay perdu ma peine & mes remonstrances. Il n'y a point moyen de luy faire approuuer le Caresme, tant pour les Sermons, que pour le Ieusne. Il iuge de tous les Predicateurs par deux ou trois Charlatans qu'il a ouïs; & s'imagine que toutes les Predications commencent, ou par *Ce vaillant Capitaine Agesilaüs*, ou par *Ce sçauant Philosophe Socrates*, ou par *Pline en son Histoire naturelle*, ou par *Pausanias in Arcadicis*. Il m'allegue perpetuëllement le *Buon per la Predica*, & le *Riseruate questo per la Predica*, du Cardinal Hippolite d'Est, quand quelque bel esprit de ses familiers disoit deuant luy quelque impertinence. Il n'oublie pas le *Mortalium ineptissimus, excepto vno Panigarola*. Il paraphrase & commente ces preceptes, qu'vn vieux Docteur donnoit à vn ieune Bachelier ; *Percute Cathedram fortiter ; Respice Crucifixum toruis oculis, & nihil dic ad propositum, & bene prædicabis.* Ie luy respons qu'il n'est pas iuste de considerer les choses dans la corruption où elles estoient tombées, puis qu'elles ont esté remises dans leur premiere pureté, & que la reformation est venuë depuis le desordre. Ie luy allegue à mon tour le merite de nos Chrysostomes & de nos Basiles. Mais il me replique qu'à mon ordinaire ie suis liberal iusqu'à la prodigalité, & que ie mets les grands mots & les noms illustres à tous les iours: Il soustient que ces bons Peres sont morts il y a long temps, & qu'ils n'ont point laissé de leur race. S'il pouuoit, il voudroit introduire dans l'Eglise Latine la coustume de l'Eglise Greque, où l'on se contente de reciter au Peuple les anciennes Homilies, sans qu'il soit permis d'en composer de nouuelles. S'il osoit, il voudroit faire toute sa deuotion dans son Cabinet, & n'estre auditeur que de ses liures. Que ferons-nous de ce fascheux desgousté ; de ce malade opiniastre ; de ce fou qui se fonde en raison ? Ie me viens d'auiser de luy monstrer l'admirable Extrait que vous m'auez enuoyé ; & à mon aduis, il ne sera pas difficile de luy debiter ce qui a esté presché à Saint Iean en Gréve, pour vne traduction d'vn Pere Grec, & d'vn Pere de la plus haute Classe, tant de l'vne que de l'autre Eglise. Il ne faudra pour cela que mettre

Antioche à la place de Paris, & traduire en François ἀγαπῶντοὶ & πρὸς τὴν ἀγάπην. Ie ne voy point d'autre moyen de luy donner meilleure opinion qu'il n'a de noſtre Eloquence Eccleſiaſtique. Il faut le tromper pour ſon propre bien ; & ſans doute il admirera comme vne Homilie, ce qu'il ne ſouffriroit pas ſeulement, ſi nous luy diſions que c'eſt vn Sermon * * * *. Ie ſuis,

MONSIEVR,

Voſtre, &c.

Le 5. Iuin 1645.

A MONSIEVR
Ménage.

LETTRE XVIII.

MONSIEVR,

Ie n'apprehende point de perdre les bonnes graces du braue Gomes, pour l'Epigramme du Roſſignol enrumé. Il n'a garde de s'en ſcandaliſer, luy qui ne ſe pique que des vertus militaires, & qui ſe ſouuient de ce reproche que Philippe fit à Alexandre, *N'as-tu point de hon-*

te de sçauoir si bien chanter ?
S'il ne fait pas des Vers extrémement bons, il a cela de commun, non seulement auec Ciceron, & d'autres Consuls Romains, mais encore auec De-
nys le Tyran, & d'autres Ty-
rans que ie ne veux pas nommer : Et vous luy direz, s'il
vous plaist, que comme ie l'ay
allegué dans l'Epigramme, pour
vn mauuais Poëte, ie le pro-
poseray pour vn grand Soldat,
quand ie feray son Eloge en
Prose, & que ie parleray tout
de bon. Sur tout, Monsieur,
ie n'oublieray pas ses proüesses
de delà les Monts, & particulierement ce fameux combat

qu'il fit à Mantouë (ie sçay
l'histoire de sa propre bouche)
quand il estendit sur le paué le
redoutable Capitaine Branca-
leon. Les Dames qui le regardoient combattre de leurs fe-
nestres (ie sçay encore cela
de luy) l'appellerent cent fois
l'honneur de la France, & l'esperance de l'Italie; luy crierent
deux cent fois, VIVE GOMES;
luy ietterent apres sa victoire,
tant de bouquets de jasmin &
de fleur d'orange, & vne telle
gresle d'œufs parfumez, qu'elles faillirent à l'en accabler. Ne
voila-t-il pas dequoy se consoler glorieusement de quelques
petites disgraces, qui luy sont

arriuées à la porte de Monsieur le Cardinal? Mais il trouue bien ailleurs de plus solides consolations: Et tous les lauriers de vostre Parnasse & de vostre Pinde, valent-ils celuy dont il se couronne luy-mesme, lors qu'il le cüeille sur le jambon, & qu'il conte ses auantures au Cabaret? Si vous le voyez, faites-luy esperer l'Eloge que ie medite, & gouster comme il faut l'Epigramme que ie vous enuoye. Ie suis,

MONSIEVR,

Vostre, &c.

Le 20. Decembre 1645.

A MONSEIGNEVR
l'Euesque de Lisieux.

LETTRE XIX.

Monseignevr,

I'ay fait ce que vous auez desiré de moy. Vous receurez par Monsieur vostre Secretaire les Escrits du Gentil-homme qui sçait si bien escrire, & ne sçait pas l'ortographe ; qui employe si heureusement les plus hautes figures de la Rhetorique, sans

Q

auoir appris les premiers elemens de la Grammaire. Il ignore l'vsage des virgules & des points, & ne laisse pas de faire des periodes tres-iustes & tresmesurées. Il met d'ordinaire vne grande lettre où il en faut vne petite : Il n'a iamais fait de difference entre les *ces* par *c*, & les *ses* par *s*, & prend toujours *ses belles chausses* pour *ces belles choses*. S'il estoit deuenu sçauant au College, & par les voyes ordinaires, il ne seroit sçauant que comme les autres hommes: Il faudroit le chercher dans la foule des Docteurs, dont il y a des Legions en chaque Prouince de ce Royaume. Mais vous m'auouërez qu'il est remarquable par sa singularité, & que le defaut de Latin qui est en luy, & la disette de pareils biens estrangers, font mieux voir la grandeur & les richesses de sa naissance. Estant le premier en son espece, il merite vne Couronne, par la raison d'Aristote. Et à present que le Palatinat est litigieux, & que trois ou quatre le disputent, vn autre Philosophe de nos amis seroit d'aduis qu'il y pretendist aussi, en vertu de cette belle & admirable *Pa-latinité*. Ie sçauray dans peu de iours si vous luy voulez donner vostre voix, & si vous estes de l'aduis de l'vn

Q ij

& de l'autre Philosophe. Ie demeure cependant,

MONSEIGNEVR,

Voſtre, &c.

Le 13. Septembre 1640.

A MONSIEVR
le Comte de la Motte
Fenelon.

LETTRE XX.

MONSIEVR,

Siluie est vne iolie fille, ie le vous auouë; Il s'en peut faire vne honneste femme, ie le vous auouë encore. Comme son esprit n'a rien d'artificieux, sa naïueté n'a rien de niais. Elle sçait respondre ouy & non, raisonnablement ; Quelquefois mesme elle se hazarde plus auant auec succés. Estant à la Comedie, elle ne prie point sa Compagne de l'auertir quand il faudra rire. On ne peut pas dire aussi qu'elle soit laide en l'âge où elle est, puis qu'au iugement de Madame la Marquise ✶ ✶ ✶, le Diable estoit beau quand il estoit ieune. Mais voila bien dequoy faire regretter le plus triste seiour de la Terre! Vous vous moquez, Monsieur, & de Siluie & d'Amynte. Celle-là n'a que des qualitez tres-vulgaires; Cettui-cy n'en a pas seulement de supportables, & il y a encore moins à estimer en sa melancholique personne qu'en toutes les autres pieces du triste seiour. C'est vn fascheux, dont le chagrin gaste la serenité des plus beaux iours, & trouble la ioye des plus saintes Festes. Passant mal toutes les nuits, il s'en prend à tout le Monde tous les matins : Il peste contre la Nature vniuerselle. Souuent il est si retiré dans luy-mesme, qu'il n'en sortiroit pas, pour aller au deuant d'vn Legat *à Latere* : & si la bonne Fortune venoit en personne le visiter, elle pourroit arriuer tel iour de la semaine, que la porte luy seroit fermée, quand mesme elle auroit dit son nom pour entrer. Il faut auouër qu'vn homme de cette humeur ne doit estre aymé que Chrestiennement : C'est tout ce qu'on peut donner aux Commandemens de Dieu & à l'authorité de la Religion. Ie conclus donc, Monsieur, que vous faites vne action de trop grande charité, de desirer vne si mauuaise compagnie ; & ie suis digne, peut-estre, de la pitié des honnestes gens, mais non pas de leur curiosité. Vous estes riche des dons du Ciel, & des veritables biens de l'homme. Comment auec tant d'esprit & tant de vertu, en cherchez-vous hors de vous, & où il y en a si peu ? Pourquoy estes-vous si

persuadé de mon faux merite ?
Pourquoy voulez-vous faire vn
voyage pour l'amour de moy,
qui ne vous sçaurois estre agreable vne demy-heure, bien que
ie veüille estre toute ma vie,

MONSIEVR,

Voſtre, &c.

Le 12. Auril 1638.

A MONSIEVR
de Plassac Mairé.

LETTRE XXI.

MONSIEVR,
Que voulez-vous faire de moy à Paris ? Est-ce pour me monstrer à la Foire Saint Germain, comme vne beste venuë des Indes ? Ou, si cette comparaison ne vous semble pas assez noble, est-ce pour me traiter de ioüeur de gobelets, & pour me dire

ce que me dit autrefois vn galand homme, *Ie vous ay promis auiourd'huy chez Monsieur tel, & demain chez Madame telle?* I'ay peur que ie vous ferois souuent manquer de parole. Mais quand ie ferois homme aisé à conduire, & que vous m'auriez mené dans les Assemblées, ce seroit-là, où vous & moy perdrions nostre bonne reputation. Les Merueilles que vous auriez promises, ne persuaderoient pas mesme la credulité des vieilles. Et si on ne vous appelloit Charlatan en termes formels, on vous expliqueroit ce mot en paroles vn peu plus ciuiles. On vous reprocheroit d'auoir hazardé voſtre iugement ; d'auoir abuſé de voſtre bien dire ; d'auoir fait l'Eloge de la fievre quarte. Ie n'ay rien qui ſoit capable de plaire au Monde delicat, dont vous me parlez ; rien qui puiſſe donner dans la veuë de voſtre Peuple poli : Et ſi en ma premiere ieuneſſe i'ay eu quelque choſe de moins ſombre & de moins obſcur, penſez-vous qu'vn ſi foible eſclavait pû reſiſter ſi long temps à la roüille de la Prouince, & à la contagion des mauuais exemples ? Voicy la dixiéme année de mon exil : A moins que cela, vn Athenien ſeroit deuenu Barbare, & le fils d'vn Romain & d'vne Romaine auroit perdu tous les droits & tous les auantages de sa naissance. Ie ne suis donc pas d'auis, s'il vous plaist, d'aller debiter à la Cour, les defaux que i'ay acquis au village: Trouuez bon que ie n'y porte point les vilaines marques d'vne longue absence, & pour ne rien dire de pis, vne mine d'Estranger que ie me suis faite, & dont i'aurois de la peine à me defaire. Ce sera assez, & peut-estre trop, si i'entretiens quelque commerce en ce païs-là, & si de temps en temps on y voit quelques-vns de mes papiers. Mais est-il possible que cette excellente fille ait fait tant d'eſtime de ſi peu de choſe? Cette fille qui iuſqu'icy n'a rien trouué dans le Monde digne d'elle; qui a reietté les offrandes des demy-Dieux; qui ne regarde pas ſeulement les Couronnes de Duc & Pair, quand vn Amant les met à ſes pieds? Que ma ioye eſt grande d'vne ſi belle nouuelle, & qu'en cét endroit i'aurois beſoin de rhethorique & d'exclamations! Mais elles ſeront plus fortes & plus perſuaſiues de viue voix; Et vous me preſterez bien vn compliment pour le Louure, que ie vous promets de vous rendre, quand vous en aurez affaire d'vn autre, au quartier de l'Vniuersité. Ie suis paſſionnément,

MONSIEVR,

Voſtre, &c.

Le 1. Ianuier 1644.

A MONSIEVR
Conrart, Conseiller
& Secretaire
du Roy.

LETTRE XXII.

Monsievr,

Vous souffrez donc mon absence auec douleur, & vous-vous plaignez de ma cruauté auec tendresse ? Vous pensez que ie trouuerois ma place à Paris, & m'y souhaittez comme vne me vne piece qui manque à l'acheuement de ce petit Monde? Vos belles plaintes & vos souhaits obligeans me touchent certes sensiblement. Et quand ce seroit vn vœu qui me retiendroit au Desert, & que ie serois aussi Deuot que ie suis Chagrin, ie vous auouë que vous m'auez escrit des choses, capables de tenter ma deuotion. Mais tout bien consideré, Monsieur, il vaut mieux cacher icy ses maux que les aller estaler au lieu où vous estes, c'est à dire au lieu le plus public & le plus regardé de toute la Terre. Que gagnerois-ie de transporter si loin des inquietudes & de la

R

fiévre? Vn si fascheux déménagement me donneroit de la peine; & ne vous donneroit point de plaisir. Ie ne vous apporterois qu'vn visage à vous faire peur, ou à vous faire pitié. Et puis que les Escrits dont vous faites cas, sont la plus supportable partie de moy-mesme, il me semble que vous me deuez sçauoir gré de ce que ie vous l'ay choisie, pour vous l'enuoyer; Et vous estes obligé de louër la discretion d'vn malade, qui ne vous veut communiquer que ses bonnes heures. Ie les estimeray telles, quand elles vous auront fourny quelque agreable diuertissement, &

ie ne m'eſtimeray iamais entierement mal-heureux, ſi vous me faites toujours la faueur de me bien aymer, & de croire que ie ſuis parfaitement,

MONSIEVR,

Voſtre, &c.

Le 24. Feurier 1645.

AV REVEREND Pere Hercule, Prouincial des Peres de la Doctrine Chrestienne.

LETTRE XXIII.

MON REVEREND PERE,

Ie louë Dieu de ce que vos courses sont finies, & que vous estes arriué en lieu de repos. Vne si bonne nouuelle m'a trouué dans vn si mauuais estat, que comme vous voyez, il m'a fallu differer plus de deux mois à vous en feliciter. I'auois tout l'Hyuer & tous ses nuages dans la teste. Ie n'auois ni de voix distincte, ni de parole articulée. Ie n'estois capable que de gronder & de murmurer ★ ★ ★ ★ ★ ★ ★ ★ ★ ★ ★ ★. A present le desbordement est à sec, & ie commence à descouurir quelque apparence de serenité.

Aut video, aut vidisse puto
per nubila Solem.

Mais de l'autre costé les vapeurs de mon chagrin font qu'il est toujours nuit dans mon ame, & qu'il n'y sçau-

R iij

roit luire le moindre rayon de belle esperance. Vous voyez bien où i'en veux venir. Il n'y a point moyen que ie face ce que vous dites que le Ciel desire de moy : Quand le credit que vous y auez seroit assez grand pour changer Decembre en May, & pour me semer de roses tout le chemin de Paris, ie ne pense pas que ie pusse partir du Desert. Apres auoir changé la saison, il faudroit encore me changer, & faire par consequent vn second miracle. Il faudroit rompre le charme qui m'attache à ce petit coin de terre,

Atque affigit humo diuinæ particulam auræ.

Voſtre Eloquence eſt tres-forte, & voſtre conſideration tres-puiſſante, pour m'attirer aupres de vous. Vous m'auez eſcrit des paroles, qui euſſent perſuadé Saint Antoine & Saint Paul l'Hermite, & ie ne m'en deffens point par d'autres paroles. Ie dis ſeulement que ces bons Peres eſtoient au Deſert, mais moy que i'en fais vne partie, & que vous me deuez conter parmy les pieces immobiles de la promenade que vous auez veuë,

Vt Nemora, vt Colles, viri-

disque immota Carenta
Prata mei.

Que direz-vous de l'extrauagance de ce jargon? Il est bien esloigné de la regularité & de la iustesse de vostre stile. Vne autre fois mon François pourra estre moins Latinisé, & ma Prose moins versifiée. Mais ie suis si las d'auoir parlé trop grauement ces iours passez, qu'il m'a fallu changer de maniere, pour essayer de me délasser. Vous verrez des marques de cette grauité si tenduë & si composée, dans quelques Escrits que mon Neueu vous mettra entre les mains. Il a ordre tres-exprés de toute la famille que vous aymez, de vous asseurer que vous en estes parfaitement honnoré. Pour moy, ie reuere à tel point vostre vertu, que s'il m'estoit permis, ie iurerois volontiers par Hercule, & dirois *Me Hercule*, aussi bien que le Cardinal Bembe, & que le Cardinal Sadolet. Mais mon Hercule n'est pas comme le leur, enfant de Iupiter & d'Alcmene : Il est encore moins Hercule Furieux.

Ni furor ille sacros agitat qui numine vates,
Sit furor ille tuus.

Agréez, ie vous prie, ma deuotion, & faites moy l'honneur de croire que ie suis touious de toute mon ame,

MON REVEREND PERE.

Voſtre, &c.

Le 15. Decembre 1643.

A MONSIEVR
le Cheualier de Meré.

LETTRE XXIV.

MONSIEVR,
La solitude est veritablement vne belle chose, mais il y auroit plaisir d'auoir vn amy fait comme vous, à qui on pust dire quelque-fois que c'est vne belle chose. L'oisiueté est appellée la viande des Dieux, & des hommes semblables aux Dieux, mais c'est quand Scipion & Læ-

lius la gouſtent enſemble. Si i'eſtois voſtre voiſin, que nous remuërions de grandes matieres! que nous ferions de ſçauantes promenades! que ie ſerois riche, de poſſeder l'original des bonnes choſes que vous m'eſcriuez! Ie n'enuierois point à la Cour ſes delicateſſes d'eſprit, ſa ſincerité de iugement, les graces & les lumieres, dont me parle voſtre lettre. Mais ſi vous n'achetez vne maiſon en Angoumois, ce ſont des ſouhaits que ie perds ſur le papier, & en l'eſtat où ie ſuis, Poitiers eſt auſſi loin de moy que Conſtantinople. Vous ne me donnez point d'eſperance là deſſus: I'ay peur que ie suis condamné à languir toujours en ce petit coin du Monde : On me laissera toujours à mon mauuais Ange, & à mes tristes pensées. Il n'y aura ni de remede, ni de soulagement, ni de compassion pour mes maux. Ils sont grands certes, & ie suis vn dissimulé, toutes les fois que ie veux passer pour vn homme de bonne compagnie. Tel que ie suis, personne n'est plus que moy,

MONSIEVR,

Vostre, &c.

Le 6. Iuin 1646.

A MONSIEVR
de Saint-Chartres, Conseiller du Roy au Grand Conseil.

LETTRE XXV.

MONSIEVR,
L'affaire de l'Euesché pourroit reüssir, & les moyens que vous proposez ne sont pas extrémement difficiles: Mais vostre amy est resolu de ne se pas mesme seruir des plus faciles

moyens. Il connoiſt trop ſon indignité, pour eſtre capable de la haute penſée que vous luy voulez mettre dans l'eſprit; & il a leu auec trop d'attention les liures que Saint Chryſoſtome a eſcrits du Sacerdoce, pour ne pas apprehender vn fardeau, qui eſt redoutable aux forces des Anges; il n'oſeroit dire aux eſpaules, comme Saint Bernard. C'eſt pourtant vn fardeau, que les plus foibles deſirent porter; dont il n'y a point de petit Docteur qui ne veüille qu'on l'accable; apres lequel courent tant de Preſcheurs, & auquel viſent tant de Sermons. Laiſſons courir les autres, &

demeurons en repos. N'employons point l'Euangile, ni Saint Paul, à folliciter noftre fortune ; Ils meritent vn plus digne employ. Au lieu de feruir Dieu, ne nous feruons point de luy. Il vaut mieux eftre Cathecumene toute fa vie, & mourir à la porte de l'Eglife, que d'entrer dans le Sanctuaire, par la bréche qu'y fait l'Ambition. Que ie me trouue bien du village & de la retraite ! Que i'ay pitié de l'inquietude & de la fiévre des Pretendans ! Si ie n'auois d'autre maladie que celle-là, ie me porterois mieux qu'homme du monde, & quoy que voftre bonne volonté m'oblige

blige dans la rencontre qui se presente, ie vous supplie de croire que ie suis sans esperance & sans interest,

MONSIEVR,

Vostre, &c.

Le 4. Aoust 1639.

AV REVEREND
Pere de Marin, Theologien de la Compagnie de IESVS.

LETTRE XXVI.

MON REVEREND PERE,

Vous m'auez emporté mes beaux iours : Depuis que vous estes party d'icy, ie n'en ay pas eu vn seul qui ne m'ait donné ou de la douleur, ou de la peine. Les bons interualles mesmes de mon mal, ont esté pour autruy & non pas pour moy: Et l'infirmité des conualefçens, qui est priuilegiée par tout ailleurs, n'a pas pû me dispenser de plusieurs trauaux qui eussent eu besoin d'vne santé confirmée. En fin, en fin, ie suis de loisir, & i'ay attrapé le Soleil d'Auril, qui me donne de la force, à mesure qu'il en prend. Beny soit *ce Fils visible du Pere inuisible*, vous sçauez qu'on l'a ainsi nommé autrefois. Il m'a desia remis en possession de mes promenades: Il cuira & purifiera bien tost les eaux qui vous ont esté ordonnées: Il preparera luy mesme vos bains,

& vous guerira par des remedes voluptueux. Cela fait, ne serez-vous pas homme de parole, & ne vous approcherez-vous pas de noſtre Deſert ? Ne voulez-vous point me venir rendre meilleur, par le voiſinage de voſtre vertu, & par la preſence de vos bons exemples ? Ie ne vous demande qu'vn iour toutes les ſemaines. Mais ie le vous dis ſerieuſement, pluſtoſt que de n'obtenir pas cette grace, i'employeray tout ce que i'ay de credit à Rome, aupres du grand Mutio Vitelleſchi. Il ne vous refuſeroit pas aux Sauuages, s'ils auoient beſoin de vous ; Seray-ie traité moins fauorablement que les gens de Canada, & courrez-vous plus volontiers à vne moisson inconnuë qu'à vne moisson choisie? Vous voyez iusqu'où me porte le desir que i'ay de n'estre pas esloigné de vous, & de iouïr quelquefois de vostre sainte & sçauante conuersation. Bornez vostre ambition pour l'amour de moy. N'ayez point de ialousie de la gloire de vos Compagnons ; Et sans songer à leurs fameuses conquestes, ni vous proposer des Royaumes & des Roys à conuertir, arrestez-vous à ce petit coin du Monde, & soyez par humilité l'Apostre de vostre Amy.

Sic erit; & voti facies, Marine, potentem
Balsacium, exanguemque dabis pinguescere terram,
Cum propior largos Cœlo demiseris imbres.

Ie vous en coniure de tout mon cœur, & suis auec passion,

MON REVEREND PERE,

Vostre, &c.

Le 27. Auril 1644.

AV REVEREND
Pere Deſtrades, Theologien de la Compagnie de IESVS, Superieur de la Maiſon Profeſſe de Bordeaux.

LETTRE XXVII.

MON REVEREND PERE,

Quand vous faites du bien, vous penſez en receuoir, & vous eſtes officieux auec tant de ioye, que la façon dont vous

S iiij

obligez, est d'ordinaire vne seconde obligation. Mais ie laisse à Madame de Campaignol le chapitre de l'affaire recommandée, pour vous remercier de mon chef du Chapelet parfumé. Ie l'estime bien dauantage parce qu'il me vient de vous, que parce qu'il vous est venu du Perou, & ie sçay que vostre principal trafic est au Ciel, d'où découle la grace sur les Chapelets. Cettui-cy sans doute, me portera bon-heur : Il fera beaucoup plus que vous ne dites; car il me donnera la deuotion que ie n'ay pas, & l'assaisonnera, apres me l'auoir donnée. Ainsi cette odeur de suauité, qui rend les sacrifices agreables, ne manquera pas à celuy de ma priere, *Et per te mi optime & dulcißime Pater, etiam in Christo deliciabor.* Il faut cependant, que ie vous die qu'on nous conte d'estranges choses de vostre passion contre l'Espagne, ou, pour parler plus correctement, contre la Castille. Estes-vous bien asseuré que Saint Ignace & Saint Xauier ne vous sçachent point mauuais gré d'vne declaration si ouuerte pour le nouueau Roy de Portugal; & sçauez-vous bien quel est leur sentiment, dans vne matiere si delicate, & sur vne question si problematique ? Quoy qu'il en soit, Mon Reuerend Pere, vous ne pouuez estre blasmé d'estre bon François : Il n'y a point de danger à craindre ni de fortune à courir dans les opinions de l'Estat ; & souuenez-vous toujours de ce Vers d'Homere, qui dit *que c'est garder les auspices, & faire vn acte de Religion, que de seruir sa Patrie.* Encore vne fois, ie vous remercie du Chapelet, mais ie vous auertis que ie me fie bien plus en vos prieres qu'aux miennes. Ne m'oubliez donc pas, s'il vous plaist, quand vous recommandez vos Bien-

aymez à noſtre Seigneur. Ie
ſuis de tout mon cœur,

MON REVEREND PERE,

Voſtre, &c.

Le 12. Mars 1641.

A MADAME
la Marquise de Ramboüillet.

LETTRE XXVIII.

Madame,

Ie n'ay point encore reçeu ce que vous m'auez fait l'honneur de me donner: Mais la nouuelle m'en ayant esté annoncée par Monsieur Chapelain, ie ne sçaurois garder plus long temps dans mon esprit la reconnoiffance que ie vous en dois. Elle eft telle neantmoins, Madame, qu'il me fera difficile de vous la monftrer toute entiere, & de la faire paffer de la penfée dans l'expreffion, fans en perdre quelque chofe par le tranfport. Il y a d'ailleurs, trop de déchet au debit des termes ordinaires: Et en confcience ie n'eus iamais tant de befoin de cette officieufe figure, qui ayde les bonnes intentions; qui acquitte les dettes des pauures; qui non feulement égale les chofes par les paroles, mais qui les fçait aggrandir iufqu'à l'infiny. Vous la connoiffez, Madame, fous le celebre nom d'Hiperbole; & ie vous aüoüe que ie l'abandonnay laschement, il y a prés de dix-huit ans, par ie ne sçay quelle mauuaise honte, que me causerent les reproches & la médisance de mes Ennemis. Ç'a esté, certes, à mon grand dommage; & ie voy bien que manquant de son secours, pour vous remercier magnifiquement, comme ie le desirerois, ie seray contraint de me seruir de la simplicité de ma langue naturelle, & de vous dire, comme feroit vn autre homme, que ie vous suis tres-obligé de vostre present. I'y a-ioustteray toutefois, Madame, mais dans l'extréme rigueur de la verité, que la seule nouuelle de ce present a changé la face de ma fortune, & semble auoir mis l'abondance où estoit la pauureté. Vous plaist-il que ie m'explique, & que ie vous rende conte de l'estat present de mes affaires ? Il est certain que la colere du Ciel est tombée cette année sur nostre climat, & que ie n'en ay pas esté mieux traité que mes voisins. Mais quoy que la gresle & la gelée ayent vendangé nos vignes dés le mois de May, & ne nous ayent laissé que de tristes restes pour ramasser au mois de Septembre ; quoy que les bleds n'ayent pas tenu ce qu'ils promettoient, & que la belle esperance des moiſſons ſe trouue fauſſe dans la recolte ; (ie vous demande pardon, Madame, de ces penſées de village) Quoy que d'vn autre coſté les auenuës de l'Eſpargne ſe ſoient renduës extraordinairement difficiles, & que les plus iuſtes gratifications n'en ſortent qu'à peine : En mon particulier, ie ne ſens point la conſequence de tout cela ; Tous ces mal-heurs ne me touchent point, & vous-eſtes cauſe que ie ne me plains ni de l'inclemence du Ciel, ni de la ſterilité de la Terre, ni de l'auarice de l'Eſtat. Par voſtre moyen, Madame,

Madame, iamais année ne me fut meilleure, ni plus heureuse que cette-cy; Et quand i'aurois fait perte de quelques choses viles & communes, n'est-ce pas y auoir gagné, que d'en tirer recompense par vos mains, en choses precieuses & rares? en essences de jasmin, de fleur d'orange, de musq, d'ambre gris, &c. Toutesfois, Madame, que dira le Monde reformé? Et que respondray-ie aux Seueres, s'ils trouuent estrange qu'vn homme faisant profession de frugalité, apporte dans le Desert les delices & le luxe de la Cour? qu'vn Solitaire ait de pleines boëttes de gans de

T

Frangipane, luy qui se deuroit contenter d'vne paire de mitaines tous les hyuers ? Ce n'est pas icy le lieu de faire son Apologie, ni de iustifier par raison ce qui se peut defendre par authorité, & par l'exemple du Fondateur d'vne Secte. Il ne m'appartient pas, Madame, d'estre meilleur, ni plus sage qu'Aristipe, qui sçeut si bien accorder la temperance auec le plaisir. Il ne condamnoit pas l'vsage des voluptez innocentes : Il faisoit difference entre les bonnes & les mauuaises odeurs: Il ne croyoit pas que les parfums fussent des poisons. Mais vn iour, Madame, il se declara plus ouuertement sur cette matiere : Vn faiseur de questions le vint attaquer dans vne grande assemblée ; & apres quelques propos tenus de l'austerité de la vie des Philosophes, luy ayant demandé, pensant le mettre en desordre, qui estoit celuy qui se parfumoit, *C'est moy*, luy respondit Aristipe, *& vn autre plus mal-heureux que moy, que le Monde nomme le Roy de Perse*. Oserois-ie me conter pour le troisiesme mal-heureux de cette espece, & entrer dans vne si noble societé ? Ouy, Madame, ie pense pouuoir aller du pair auec le Philosophe,

& auec le Roy, qui se parfumoient ; voire ie pense auoir auantage sur l'vn & sur l'autre, puis qu'il n'y auoit point de leur temps vne Madame, ni vne Mademoiselle de Ramboüillet, qui leur choisissent, & qui leur donnassent des parfums. La Poësie Latine vante bien certaines essences, dont Venus & les Amours ses enfans auoient fait present à vne certaine Romaine : Mais les essences que i'attens, Madame, viennent bien de meilleure part que de cette Venus vulgaire, & de ses enfans. C'est la veritable Venus Celeste, & son adorable fille ; c'est la Vertu elle mesme, deuenuë visible aux yeux des hommes; c'est la Perfection, desçenduë du plus haut des Cieux, qui me font auiourd'huy l'honneur de me regaler. Ie m'en glorifie publiquement. Ie regarde tous les biens de la Terre, toutes les choses humaines au dessous de moy. Mais comme il n'est point en ce Monde, de gloire égale à la mienne, ie vous supplie de croire qu'il n'est point aussi de ressentiment pareil au mien, quoy que la plus grande partie m'en demeure dans le cœur, & ne puisse paroistre au dehors qu'imparfaitement, dans la protestation que ie vous fais, d'estre auec respect & veneration toute ma vie,

MADAME,

Vostre, &c.

Le 10. Aoust 1644.

A MONSIEVR
Coſtar.

LETTRE XXIX.

Monsievr,
I'ay reçeu vos Paſtilles, voſtre Poudre, & vos Sachets. Mais que voulez-vous que ie vous en die ? Ce ne ſont point des choſes mortelles, ni qui puiſſent eſtre loüées en termes humains. Flore, le Printemps, le Soleil & Martial trauaillant enſemble, ne reüſſirent iamais plus

heureusement en leur trauail, ne firent iamais rien de si bon que ces bons parfums. Nostre Docteur iure qu'ils sont meilleurs que ceux de Venus, quand elle apparut à son fils Ænée, sur le riuage de Lybie. Virgile pourtant les nomme *diuins*, luy qui n'est pas si prodigue de Diuinité que les Poëtes qui sont venus depuis luy.

Ambrosiæque comæ Diuinum vertice odorem
Spirauere

Pour vos Tablettes, ie les regarde & les considere, mais ie n'ose m'en seruir. Ie fais consçience de toucher de si iolies choses, auec des mains si grossieres que les miennes. L'orfeurie, les dorures, les belles couleurs n'y ont point esté espargnées. Elles seroient dignes de la confidence de Cesar & de Cleopatre. Ie ne croy pas mesme que les Nimphes Escholieres en eussent de telles, lors que le Dieu Regent leur faisoit leçon, & qu'elles recüeilloient auec tant de soin ce qui sortoit de sa bouche.

Bacchum in remotis carmina
 rupibus
Vidi docentem, Nimphasque
 discentes

Vous sçauez le reste en Latin, mais vous ne le sçauez pas en Thoscan, car ie viens presentement de receuoir ces Vers de Florence, qui ne sont faits que du mois passé.

 Io vidi (il giuro, e se mia lingua mente,
Con furia procellosa
Schiantin le viti mie grandini acerbe)
Vidi il Padre Lieo steso frà l'erbe,
Sù cetra armoniosa
Trattar d'auorio e d'or plettro lucente.
Vidi le Ninfe intente
Starsene al canto, & à le voci argute
I Satiri chinar l'orecchie acute.

Vous-voyez bien que ie vous donne le change, & que ie m'esloigne de mon sujet le plus que ie puis. C'est que ie n'entreprens pas de vous remercier à la haste, des beaux presens que vous m'auez faits. Il faut que ie me prepare pour cela vn mois tout entier : Ie veux consulter toutes mes Muses : Ie veux visiter tous mes lieux communs : I'ay enuie mesme de me purger tout exprés, & de me faire tirer du sang, afin d'auoir l'esprit plus net, & ses fonctions plus libres & plus aisées. Ie vous baise tres-humblement les mains, & suis tres-passionnément,

MONSIEVR,
                  Vostre, &c.

Le 8. Decembre 1644.

300 LETTRES CHOISIES

A MONSIEVR Costar.

LETTRE XXX.

MONSIEVR,
Ie ne sçay comme i'ose entreprendre de vous escrire, car en l'estat où ie suis, ie vous puis asseurer auec verité, que ie ne voy pas mon escriture.

In me tota ruens Hiems
Arcton deseruit

Si *ruens Hiems* vous choque l'oreille, il me fait encore plus de mal aux yeux. Mais il y a moyen de s'expliquer d'vne autre façon, & de vous dire,

Me nebula turpi, multo me Iupiter imbre,
Atque omni premit Æoliâ. Da mitior almâ
Luce frui, Pater, & formosum redde serenum,

Ie ne demande à Iupiter la fin de mon rheume, & l'vsage de mon nez, que pour estre en estat de iouïr de vos bien-faits, ou si vous voulez encore, en la langue des Dieux immortels,

Vt saltem ambrosio Floræ immortalis odore,
Muneribúsque tuis fruar, ô vel Regibus ipsis

302 LETTRES CHOISIES

Par Arabum, Coftarde, animo. En effet, Monsieur, vos parfums sont admirables; ils sont encore meilleurs que ceux de l'année passée; Et si ma rhetorique n'estoit espuisée sur le sujet des parfums, ils auroient vn aussi long remerciement que ceux de la diuine Artenice ✶ ✶ ✶ ✶ ✶ ✶. Ie suis sans reserue,

MONSIEVR,

Vostre, &c.

Le 20. Decembre 1645.

LETTRES
CHOISIES
DV Sr DE BALZAC.
LIVRE TROISIESME.

A MONSIEVR
Ménage.

LETTRE I.

MONSIEVR,
I'ay releu pour l'amour de vous, le liure du Philosophe

Espagnol. Le titre m'en semble toujours extrémement beau : Mais ie ne vous puis dire du reste, que ce que i'en dis à vn Gentil-homme de mes amis, qui m'en parla le premier : Ie n'y ay pas trouué ce que ie cherchois, & à mon auis *cét art de la volonté* auoit besoin de tout nostre Gassendi, pour estre traité selon son merite. L'Espagnol est foible en plusieurs endroits : Il est trop subtil & trop quintessentié en d'autres, & repete si souuent la mesme chose, qu'on pourroit reduire ses six liures à moins de trois, sans faire aucun tort à sa matiere. Vn Orateur moderne appelloit cela

cela dernierement, *danser les canaries dans vn boisseau*, & vn ancien Poëte l'a appellé autrefois,

Vnum ponere ferculis tot, assem.

On pourroit dire en langue vulgaire, mettre vn teston en vingt-cinq plats. Mais, Monsieur, quel mauuais conseil ; quelle vision ; quelle extrauagance à ce Iean Eusebe, d'alleguer presque toujours des Auteurs qui n'ont point d'autorité, & qui ne sont connus de personne? C'est bailler des gens pour caution, à qui on demanderoit des certificateurs & d'autres cautions, voire des gages

V

& des obligations par corps, dans leurs affaires particulieres: Et ie ne voy pas quel rang peut tenir vn Bernardus Siluester, vn Barlaamus Gyracensis, vn Odo Cluniacensis, parmy les vrais & les legitimes Peres de l'Eglise. Son iugement paroist par tout de la mesme sorte: Par tout il se distille l'esprit à chercher des nouueautez ridicules, autant dans les choses que dans les paroles. Pour se despaïser de l'Eschole, & pour éuiter la rudesse de ses termes, il compose vn jargon à sa mode, qui est plus obscur & plus enflé que le Scholastique, mais qui n'est pas moins sauuage, ni moins esloigné de la pureté Romaine. Il est luy mesme l'original de sa barbarie, & fait de son chef vne nouuelle reuolte contre Ciceron. Que d'efforts, & que de violence pour cela ! Son soin & son estude paroissent dans les vices de son stile. Il vise où les autres donnent sans y penser. Il ne tombe pas seulement dans le Galimatias; mais il a dessein d'y tomber; mais il s'y iette & s'y precipite. En vn mot, voulant bien parler, il parle mal auec curiosité, & choisit toutes ses mauuaises locutions. Seroit-il possible qu'on eust estimé cét homme chez Messieurs Du-Puy ? Ie ne croy pas qu'on l'estime mesme chez les Iesuites ; ie dis les Iesuites de Paris, qui ont le goust meilleur que ceux de Madrid ; & ie m'asseure que pour le moins en cecy, le terrible Petau est d'accord auec le redoutable Saumaise. Au reste, Monsieur, ie ne me lasse point de lire la vie de Mamurra : Ie l'ay trouuée & plus belle, & plus nouuelle la dixiesme fois que la premiere. Qu'elle eust fait rire de bon cœur le Cardinal du Perron ! Qu'elle plaira au Cardinal Bentiuoglio ! Que le Pere Strada en estimera le sel & les sausses, luy qui rit quelquefois à la Romaine, & qui se mesle de la belle raillerie, auſſi bien que vous! Mais ſi vous voulez voir l'Eloge de la vie tout de ſon long, voyez ce que i'en ay eſcrit au Pere Socrate, & demandez-luy ſi ie luy loüe de meſme façon les autres Satyres Latines, qu'il m'a enuoyées;

Hæ licet ingentis Panſæ, Hirtiadæque ſuperbi
Nomina clara ferant.

Ie ſuis toujours amoureuſement,

MONSIEVR,

Voſtre, &c.

Le 4. Nouembre 1643.

A MONSIEVR de ✶✶✶✶.

LETTRE II.

MONSIEVR,

Ie viens d'apprendre vne nouuelle qui m'a extrémement fasché. Monsieur Costar a esté tesmoin de mon desplaisir ; & il est certain que si vn Philosophe Espagnol me faisoit perdre vostre bien-veillance, ie serois long-temps en mauuaise humeur contre la Philosophie, &

ne me reconcilierois pas aifément auec l'Efpagne, non pas mefme apres la Paix de Munſter. Quand ie vous efcriuis mon opinion, ie ne penfois pas qu'elle deuſt choquer voſtre iugement ; & il me fembloit, Monfieur, que vous m'auiez dit que quelques-vns auoient en eſtime ce Docteur moderne, mais non pas que vous euffiez de l'amour pour luy. Si ie l'euffe creû, ie ne fuis pas fi peu complaifant, que i'euffe voulu vous contredire, dans vne affaire qui n'eſt pas de grande importance, & mes fentimens particuliers me feront toujours moins chers que la fatisfaction de mes amis. Imputez donc le mal-heur qui est arriué, ou à la dureté de mon ouïe, lors que vous me parlastes du liure, ou au defaut de mon intelligence, lors que ie l'ay leu : Et faites-moy la faueur de croire que pour n'estre pas partisan declaré de *Ioannes Eusebius Nierembergius, è Societate Iesu*, ie n'en suis pas moins veritablement,

MONSIEVR,

Vostre, &c.

Le 5. Iuillet 1644.

A MONSIEVR
Gombauld, Chantre de l'Eglise de Saintes.

LETTRE III.

MONSIEVR,
Le Dialogue que vous m'auez fait la faueur de m'enuoyer, me fut enleué le mesme iour que ie le reçeus, & depuis ce temps-là il a passé par tant de mains, que ie n'en ay pû

estre maistre qu'auiourd'huy. Ie viens de le lire auec vn goust qui me demeurera long temps dans l'esprit, & ie vous auouë que semblables Dialogues, si nous en auions en nostre langue, me dégousteroient de ceux de Platon. Ce petit liure, puis que vous en voulez sçauoir mon aduis, est vne Bibliotheque en abregé; est vn magasin dans vn paquet; est vne boutique de Dedale, où tous les outils se remuënt d'eux-mesmes, & toutes les matieres sont animées. Il merite particulierement ce dernier nom; Et ce n'est pas seulement le suc & la substance des anciens Sages, c'est de plus, l'esprit & la vie de leur sagesse ; tant il a sçeu bien appliquer la speculation à l'vsage, & l'estude à l'action. Mais cét IL, Monsieur, n'est-ce pas Monsieur de la Hoguette, & que pretend-il faire de sa retenuë & de son secret ? S'il ne veut pas auouër vn fils si digne de luy, pour manquer de pere, il ne manquera pas de protection. On n'a point exposé de Heros que le Ciel n'en ait pris soin, & presque toujours ces naissances douteuses ont esté le commencement d'vne vie illustre. Ie vous enuoye le present que vous fait Monsieur Chapelain, & ne pouuant vous remercier assez dignement de celuy que i'ay reçeu de vous, ie me contente de vous asseurer que ie suis auec beaucoup de reconnoissance,

MONSIEVR,

Vostre, &c.

Le 7. Aoust 1645.

AV REVEREND Pere Dalmé, Theologien de la Compagnie de IESVS, Professeur en Rhetorique.

LETTRE IV.

MON REVEREND PERE,

Ou ie me suis mal expliqué, ou nostre Amy ne m'a pas bien entendu. Quoy qu'il en soit, i'ay du desplaisir de la couruée qu'il vous a fait faire. Il a tort d'auoir abusé de la sorte de cette bien-heureuse fecondité, que le Ciel a donnée à vostre Muse. Il ne la faut pas mettre à tous les iours : Elle merite d'estre reseruée pour les grandes Festes, & vous en estes vous-mesme mauuais mesnager, d'auoir fait tant de beaux Vers au hazard, & d'estre allé si loin, pour laisser le but derriere vous. Vne chose qui me plaist dans cette peine ingrate que vous auez prise, c'est qu'elle vous a donné occasion de m'escrire vne lettre veritablement Latine, & digne de la pure Antiquité. Ie l'ay leuë plusieurs fois auec plaisir ; Et sans mes fascheuses occupations, & ma mauuaise santé, vous auriez veû d'abord en la mesme langue, l'estime que ie faisois de la connoissance exquise que vous en auez. Ce que ie puis, accablé encore d'affaires, & noyé de pituite, c'est de vous dire que ie fus tout consolé de voir ce rayon du siecle de l'Eloquence, en vn temps où il semble que les Gots viennent de nouueau rauager la pauure Aquitaine, & remettent en vsage leur jargon. Ie conclus pourtant, en lisant vostre Latin, qu'ils n'estoient pas encore Maistres au lieu où vous estes, puis que vous teniez bon pour l'ancienne Rome, & que le stile sauuage ne vous auoit pas pour approbateur. Perseuerez, ie vous prie, en ce loüable dessein : Opposez-vous fortement à la vicieuse imitation de quelques ieunes Docteurs, qui trauaillent tant qu'ils peuuent au restablissement de la Barbarie. Leurs locutions sont ou estrangeres, ou Poëtiques; Leurs periodes sont toutes Rimes & Antitheses. S'il y a dans les mauuais liures vn mot pourry de vieillesse, ou monstrueux par sa nouueauté, vne metaphore plus effrontée que les autres, vne expression insolente & temeraire, ils recueillent ces ordures auec soin, & s'en parent

rent auec curiosité : Ils croyent en estre bien plus beaux & bien plus agreables qu'ils n'estoient auparauant. Voila vne estrange maladie, & de vilaines amours. Et ie ne sçay pas à quoy ils pensent, de mespriser la force, la vigueur & la lumiere de Rome, pour n'estre amoureux que de ses maladies & de sa carcasse; que de son sepulchre & de ses cendres. Que s'il y a quelque excés dans ces dernieres paroles, pour le moins que pensent-ils faire, de preferer à des Senateurs & à des Consuls de la Republique, tous nobles & tous brillans de leur pourpre, de pauures esclaues déchirez, les re-

X

ſtes de la Guerre & de la Perſecution; qui apres la ruine de la meſme Republique, ſont venus gueuſer & porter leurs haillons dans les Prouinces? Vous connoiſſez bien à ces deux differentes images, d'vn coſté noſtre Tite-Liue, noſtre Salluſte, noſtre Ciceron; & de l'autre leurs Caſſiodores, leurs Simmaques, & leurs Apulées, *cæteraque id genus, vt meus ait Damon, dehoneſtamenta Latinitatis.* Ie leur ſouhaite de meilleures & de plus ſaines penſées; Et voudrois bien voir la fin de leur rebellion contre les vrais & les legitimes Neueux de Remus. Ie vous demande à vous, mon

Reuerend Pere, les bons exemples que vous nous pouuez donner ; Mais sur tout ie vous demande vos bonnes graces, & vous supplie de me croire, comme ie le suis veritablement,

Vostre, &c.

Le 3. Auril 1643.

AV REVEREND Pere du Creux, Theologien de la Compagnie de IESVS, Professeur en Rhetorique.

LETTRE V.

MON REVEREND PERE,

On me fit voir l'autre iour cinq ou six feüilles que i'admiray : Et sans doute vous les auez veuës deuant moy, puis qu'elles viennent de vostre Pere Sirmond. C'eſt vn admirable Pere, ie vous l'ay dit il y a long temps, mais admirable en pluſieurs façons, & qu'il ne faut pas regarder par vn ſeul endroit. Il a dequoy inſtruire les doctes, & dequoy plaire aux honneſtes gens ; Il a le ſolide & le delicat. Et ſans parler des richeſſes d'vn ſçauoir choiſi, ménagées par vn iugement acheué, qui en eſt le diſpenſateur & l'œconome, ie remarque en ſes quatre-vingts tant d'années, tout le feu, tout le beau ſang, toute la nobleſſe d'eſprit qui ſe peut trouuer dans la ieuneſſe des demy-Dieux : Si voſtre ſeuerité Chreſtienne ne veut pas me paſſer ce mot, diſons pour le moins, dans la ieuneſſe des hommes qui naiſſent plus heureuſement que les autres. De grace, faites en ſorte que vos ieunes gens ſe propoſent pour exemple la façon d'eſcrire de ce bon-homme, qui fait tant d'honneur à ſon Siecle & à ſa Patrie ; & non pas celle de quelques nouueaux Latins, qui veulent faire des Schifmes & des Hereſies dans l'Eloquence; qui ſont plus grands ennemis de l'ancienne Rome, que ne le furent iamais Annibal, Iugurta, Mithridate, &c. Ils eſcriuent du fer & des pierres, comme eux-meſmes le confessent, pour ne pas dire de la bouë & du fumier, comme quelques-vns le leur reprochent.

Quis furor iste nouus postponere casta profanis,
Impurasque sequi neglecto fonte lacunas,
Et tenebras sordesque tuo præferre nitori?
Quis Romam violare luto, quod Barbara vexit
Tempestas olim in Latium, nisi natus iniquo
Sydere nunc velit, & Romani nominis hostis.

Vous voyez que l'entousiasme me prend toutes les fois que ie traite auec vous. Ie souspire apres la conuerfation de Ieudy prochain, & demeure,

MON REVEREND PERE,

Voftre, &c.

Le 30. Aouft 1640.

AV REVEREND
Pere, Estienne de Bour-
ges, Predicateur
Capucin.

LETTRE VI.

MON REVEREND
PERE,

Ie vous renuoye le Manife-
ste, & attends les Exhortations
que vous m'auez fait la faueur
de me promettre. Ce qui m'o-
blige à les vous demander encore vne fois, n'est pas tant la

curiosité de les voir, comme de tres-belles choses, que le dessein d'en profiter, comme de choses tres-salutaires : Et vous-vous souuenez du vieux mot de la vieille Rome, *que les remedes ne profitent point s'ils ne seiournent*, ce que ne peut pas faire la viue voix, qui passe sans s'arrester. Puis que vostre amy du païs Latin veut estre le Poëte de nostre Nimphe, conseillez-luy de se proposer pour idée le caractere de Virgile dans ses Eclogues. Ie ne trouue point de glace de Venize plus polie, ni plus nette que ce caractere. La douceur & la facilité d'Ouide me plaisent aussi extrémement, n'en desplaise au Critique Victorius, & à l'Hypercritique ★ ★ ★. Car pour Lucain, Stace & Claudian, ce sont gens qui parlent vn peu trop haut, & qui feroient trop de bruit dans la chambre d'vn malade. Ce sont des Cloches, des Tambours & des Timbales, que nous ne reçeuons point en nostre Musique. Ie vous fais ce mot à la haste, & n'ay que ce moment pour vous dire que ie suis,

MON REVEREND PERE,

     Vostre, &c.

Le 3. Auril 1645.

A MONSIEVR le Cheualier de Meré.

LETTRE VII.

MONSIEVR,
Ce que vous dites est vray : Les productions de ces beaux Esprits ne sont ni libres, ni naturelles : La contrainte & la violence y paroist par tout : Visant à l'Admirable, ils donnent dans le Prodigieux : Ils ne considerent pas que les Monstres se forment de l'excés, aussi bien

que du defaut, & que les Geans non plus que les Nains, ne se peuuent pas dire de belle taille. Mais mettrons nous au nombre de ces gens-là ceux de qui en suite vous me parlez, & qui vous ont tant parlé de la Maiesté Romaine, & du Caractere Romain ? Prenez garde s'il vous plaist, Monsieur, à ce que vous ferez en les condamnant. Ie vous demande leur grace, pour vn interest plus considerable que le leur. Car en effet s'ils sont coupables, il me semble que Virgile ne peut pas estre innocent. Si dans leurs Poëmes Cesar s'oublie de sa modestie, que fait ie vous prie dans l'Eneïde, le Chef de la race de Cesar, quand on luy demande son nom, & qu'il respond, *Ie suis le pieux Enée, dont la reputation est montée iusques au Ciel,*

Sum pius Æneas, famâ super athera notus.

Quand il se propose luy-mesme en exemple, comme l'idée de la veritable vertu, *Apprens de moy, mon fils, à estre vertueux,*

Disce puer virtutem ex me, &c.

Quand il se nomme luy-mesme *le grand Enée,* & qu'il croit qu'vn homme n'est pas fasché de mourir, parce que c'est luy qui l'a tué,

*Hoc tamen infelix miseram
 solabere mortem,
Æneæ magni dextrâ cadis*

Nous examinerons ces trois passages à nostre premiere veuë, quoy que vous ne me faciez rien esperer de ce costé-là, & que vostre lettre ne me promette point vostre presence. Ie suis de toute mon ame,

MONSIEVR,

Vostre, &c.

Le 4. Octobre 1646.

A MONSIEVR Colardeau, Procureur du Roy à Fontenay.

LETTRE VIII.

Monsievr,

I'approuue le dessein que vous me faites la faueur de me communiquer, & il sera approuué de tout le monde, pourueu que vous vouliez dire des choses aussi agreables que ie veux croire que vous les direz agreablement. L'ancienne Latinité est à estimer

estimer dans la barbarie des derniers Siecles; Mais quand elle est toute seche, comme chez quelques-vns, qui ne se souftiennent que par la force de la diction, ce n'est escrire que pour deux ou trois en chaque Royaume, qui peuuent auoir le goust de cette saine & sincere antiquité. Il faut contenter la curiosité du plus grand nombre, par quelque chose de particulier & de remarquable, qui demeure dans la memoire, & ne s'en aille pas auec le son des paroles. Et en cela le faiseur d'Eloges d'Italie est beaucoup plus diuertissant & plus instructif que celuy de France, quoy qu'il ne soit pas si Latin ni si elegant. Par exemple, n'y a-t-il pas plaisir de sçauoir la veritable mort de Politian, que le Cardinal Bembe a déguisée dans l'Epitaphe qu'il luy a fait; la bizarrerie de Naugerius, qui faisoit vn sacrifice annuël des Epigrammes de Martial à la Muse de Catulle; le chagrin superbe d'vn autre Poëte du mesme temps? &c. Ie vous conseille de resueiller l'attention du Lecteur par de semblables particularitez de la vie de vos Illustres. Meslez tant que vous pourrez, le curieux de l'Histoire auec le pur de la Langue, & n'oubliez pas le sel de Paul Ioue dans les mesmes festins où vous employerez le sucre de Sainte-marte. Si vous le faites, vous ferez vn ouurage qui viura, & ne meriterez pas peu de voſtre Siecle, en obligeant la Poſtérité. Ie vous enuoye ce que m'a enuoyé Mademoiſelle Deſloges, & vous ſupplie de me croire, comme ie ſuis auec paſſion,

MONSIEVR,

Voſtre, &c.

Le 21. Septembre 1646.

AV REVEREND Pere Tesseron, de la Compaignie de IESVS, Professeur en Rhetorique.

LETTRE IX.

MON REVEREND PERE,

I'entens vn peu la langue du Ciel, mais ie ne iuge point du merite de ceux qui la parlent, & la noblesse des Poëtes doit estre exempte de la iurisdiction des Grammairiens. Il me suffit donc de donner des loüanges à vos beaux Vers, & de vous remercier du plaisir qu'ils m'ont donné : Car de m'engager dans l'examen qu'il semble que vous desiriez de moy, outre que ce seroit introduire l'Inquisition dans vn païs libre, & violer les franchises de Parnasse, ce seroit prendre vos paroles trop à la lettre, & fonder vn droit sur vn compliment. Ie n'ay garde de le faire, ni d'abuser de la sorte de la deference que vous me rendez. Il ne faut pas tirer auantage des ciuilitez d'vn homme qui enseigne la Rhetorique, & par consequent qui ne fait pas profession de la rigoureuse verité. Quoy que vous faciez, vous ne sçauriez deuenir vn homme vulgaire, ni vous tant humilier par vostre modestie, que vous-vous esleuez par vostre esprit. Le Reuerend Pere Seuin vous dira en quels termes ie me suis expliqué à luy sur le sujet de ces frequentes éleuations, & ce que ie luy ay dit du grand courage de vostre Muse. Il est, comme vous sçauez, Orateur ardent & patetique, mais ie n'ay besoin ni de sa vehemence, ni de ses figures ; Ie ne luy demande que son simple tesmoi-

gnage, pour vous bien perfuader que ie fuis,

MON REVEREND PERE,

Voftre, &c.

Le 25. Auril 1645.

A MONSIEVR
Perrot d'Ablancourt.

LETTRE X.

Monsievr,

Vous receurez par ce porteur les Discours que ie vous promis hier. Ils ne vous apprendront rien de nouueau ; car qu'est-ce que vous ignorez? Mais ils vous feront souuenir de vos belles connoissances, & rafraichiront de vieilles idées. La derniere fois que ie vis celuy qui les a faits, ie le laiffay dans le deffein d'eftudier en François, de la mefme forte que s'il euft efté Alleman. Voicy le fuccés de fon deffein: Et vous m'auoüerez, Monfieur, vous qui eftes nay fur le bord de Seine, que nos Deferts commencent à fe ciuilifer, & que les Sauuages s'appriuoifent. Au moins purgent-ils peu à peu leur langue, des vices de leur païs, & parlent plus humainement qu'ils ne faifoient. De Capitans & de Fanfarons qu'ils eftoient en matiere d'Eloquence, ils deuiennent Amoureux difcrets, & fe font perfonnages raifonnables. Cettui-cy ne s'attache mesme que trop à la raison, & aux preceptes de l'Art. Il a si grand peur de faillir, & de se mesprendre, que quelquefois il escrit plustost en Grammairien qu'en Orateur : Et parce qu'il passe de la licence au scrupule, peut-estre que sa regularité si exquise ne vous semblera pas bien naturelle. Vous-vous souuenez de celuy qui fut reconnu estranger, à cause qu'il estoit trop Attique, & qui se descouurit en se desguisant. La diction de l'Orateur Prouincial est remarquable par le mesme soin, & monstre quelque chose d'appris & de recherché. Pour les matieres qu'il traite, quoy que souuent elles tombent dans le lieu commun, ce sont des cheutes assez heureuses, & il me semble qu'il presche sans ennuyer. Mais ie ne veux pas discourir dans vn billet, ni aller au deuant de l'Arrest que ie dois attendre. Ie le receuray de vostre souueraine Critique, la premiere fois que i'auray l'honneur de vous voir. Ie vous baise tres-humblement les mains, & suis toujours auec passion,

MONSIEVR,

Vostre, &c.

A Paris le 7. Mars 1635.

AV REVEREND Pere Adam, Predicateur de la Compaignie de IESVS.

LETTRE XI.

MON REVEREND PERE,

Vous m'auez extrémement obligé de ne me pas manquer de parole, & de m'enuoyer vos quinze Sermons. Ils feroient dignes des oreilles de la Cour: Ils font à l'espreuue de ma Chicane, du cofté mefme de la diction & des particules : Ils n'ont gueres moins de force fur le papier, que quand vous les animiez de l'eloquence du corps, & qu'ils nous laiffoient dans l'efprit tant d'efmotion, & tant d'aiguillons. Continuëz à vous fignaler en cette noble carriere, où vous auez defia acquis beaucoup de reputation. Vos commencemens ont efté tres-efclattans : Voftre progrés l'eft encore dauantage ; & ie ne doute point que fi vous fortifiez Sainte Scholaftique par la ferieufe lecture des Peres, & par la folide connoiffance de l'hiftoire de l'Eglife, vous ne laissiez derriere-vous ceux qui courent à la Gloire de toute leur force, & cela sans perdre vostre humilité. Iusques icy ie vous respons auec plaisir. Mais que voulez-vous dire, ie vous prie, apres l'enuoy des quinze Sermons? Que signifient ces reproches de Rhetoricien; ces termes ambigus & figurez; ces subtiles & delicates plaintes de vostre lettre? Vous auez tort, mon Reuerend Pere, si vous-vous imaginez que vos interests ne me soient pas chers, & que i'aye esté froid en vne occasion où ie deuois tesmoigner de la chaleur. Asseurément on vous a mal informé du particulier,

& des circonstances de la chose; Et pour vser des termes du Fondateur de l'Academie Françoise, il faut que quelque *petulant exagerateur* vous ait amplifié vne affaire de neant, pour donner de l'inquietude à vostre esprit. Le Reuerend Pere Gombauld sçait la part que ie prens en tout ce qui vous regarde, & à quel point i'estime vostre vertu. Ce sera luy qui vous iustifiera mon procedé, & ie me contenteray de vous asseurer, que ie suis tres-veritablement,

MON REVEREND PERE,

     Vostre, &c.

Le 15. Ianuier 1643.

A MONSEIGNEVR
l'Euesque de Grasse.

LETTRE XII.

MONSEIGNEVR,

Si vous auez resolu, comme vous dites, d'escrire sans ornement, c'est vn dessein qui vous donnera bien de la peine, & dans lequel difficilement vous reüssirez. Outre que vous ne prendriez pas en cela le conseil de seil de Saint Basile, vous-vous esloigneriez encore de son exemple, & de celuy de toute l'Eglise de son temps, qui n'a point fait scrupule de bien parler. Deffaites-vous, ie vous prie, de cette mauuaise humeur. Ne vous mettez point en colere contre les Graces, ces bonnes & innocentes Filles, qui vous ont acquis tant de Partisans, & tant de Lecteurs de vos Escrits. Ayez quelque respect pour les auantages de la Nature, c'est à dire pour les dons de Dieu : Et si vous n'estes ennemy des plaisirs honnestes de vostre Patrie, ne faites pas comme ce Chaste extrauagant, qui se deschira le visage, parce que sa beauté plaisoit trop aux yeux qui la regardoient. Il n'y a rien à craindre de l'Eloquence, quand elle est au seruice de la Pieté. Le Grec ne se doit point faire Barbare, se faisant Chrestien: Et ceux qui ont peur que les richesses du langage corrompent la simplicité du Christianisme, eussent chassé les Mages de l'estable de IESVS-CHRIST, quand ils luy vinrent presenter de l'or. Il ne sçauroit y en auoir de trop fin ni sur les Autels, ni dans vos ouurages, & vous ne deuez point apprehender que le nom de

Chrysostome vous face perdre celuy de Saint ★★★★. Ie suis,

MONSEIGNEVR,

Voſtre, &c.

Le 12. Auril 1639.

A MONSIEVR l'Abbé Talon.

LETTRE XIII.

Monsieur,

Puis que vous gouftez mes derniers Efcrits, & que vous auez le gouft extrémement bon, ie ne les fçaurois trouuer tout à fait mauuais. C'eft beaucoup de vous auoir plû, & à Monfieur l'Aduocat General Talon. Et qui oferoit contredire en matiere d'Eloquence, vne bouche qui perſuade il y a ſi long temps la plus habile & la plus iuſte Compagnie du Monde? Ie ſoumets donc volontiers des paroles mortes, & tombées ſur le papier, à cette vertu viue & animée, qui reſide ſur ſes levres, & qui forme les Arreſts dans l'eſprit des Iuges. Ie ſeray aſſez ſatisfait de n'eſtre pas mépriſé de luy. Mais ie ſerois bien glorieux, s'il eſtoit vray, qu'il fiſt cas de moy, & que dans le Soleil où il combat, il regardaſt auec quelque eſtime l'ombre dans laquelle ie me ioüe. Ie ne pourrois pas que ie ne me ſçeuſſe bon gré d'auoir fait approuuer mon repos à la perſonne du monde la plus actiue, & de la plus excellente action. Obligez-moy de luy dire ce petit mot de ma part, & faites-moy la faueur de croire que ie suis passionnément,

MONSIEVR,

Voftre, &c.

Le 4. Ianuier 1645.

A MONSIEVR
l'Abbé Bouchard.

LETTRE XIV.

Monsievr,
Ie ne doute point des grandes richesses de Monsieur Holstenius, ie me plains seulement de son bon mesnage. Que sert l'abondance sans la liberalité, qu'à faire changer de nature au bien, & à resserrer ce qui veut s'espandre? Il faudroit qu'il possedast moins, ou qu'il donnast

dauantage: Et quoy que ie sçache qu'il amasse pour la Posterité, & qu'il enrichira nos Neueux, il me semble qu'il ne deuroit pas cependant, nous desheriter, ni garder la meilleure partie de sa gloire pour vn AVENIR qu'il ne verra point. Soyez donc nostre Solliciteur aupres de sa docte Seigneurie, & dites luy de la part de tous les Grecs & de tous les Latins de ce Royaume, que nous auons droit sur ses papiers, & qu'il est plus obligé d'instruire son Siecle que celuy des autres. N'estant pas de ces steriles qui couuent toujours les Bibliotheques, sans iamais rien engendrer, on s'attend qu'il naiſſe quelque choſe de grand, de la longue communication qu'il a euë auec celle du Vatican. I'ay reçeu ce que vous m'auez fait la faueur de m'enuoyer de ſa part. C'eſt de la pourpre & du brocatel, ie le vous auouë; Mais ce n'eſt qu'vn échantillon, & il n'y en a que pour habiller vne poupée: I'en voudrois pour faire vn ameublement, & ie demande les pieces entieres, &c. Ie ſuis,

MONSIEVR,

Voſtre, &c.

Le 14. Mars 1640.

AV REVEREND Pere Ioffet, Theologien de la Compaignie de IESVS, Professeur en Rhetorique.

LETTRE XV.

MON REVEREND PERE,

Ie ne me mets point en peine de vous iustifier mon silence: Ie deurois pluftoft vous faire valoir mes larmes, & vous dire que le bruit commun vous ayant tué, i'ay pleuré tout de bon voſtre fauſſe mort. Mais il faut auouër que vous auez refuté cette fauſſeté d'vne excellente maniere, & que ſi vous eſtiez mort en mon opinion , vous venez de reſſuſciter à mes yeux glorieuſement. C'eſt ainſi que ie parle de la pompe, auec laquelle vous-vous eſtes apparu à moy, & des lumieres qui brillent dans l'ouurage que vous m'auez fait la faueur de m'enuoyer. Il ne ſe vit iamais vne ſi belle profuſion. La fertilité des choſes rares ne ſe trouue que chez-vous. Et s'il y a des Meres qui peuplent le Monde de boiteux & de boſſus, on ne dira pas que vostre abondance soit semblable à cette mal-heureuse fecondité : Vous ne faites que des enfans parfaits,

Omnes Cœlicolas, omnes supera alta tenentes.

Oserois-ie hazarder vne pensée, qui me vient de tomber dans l'esprit ? Vous chantez si hautement les Triomphes de l'Eglise, & les Festes de l'Estat ; la Mort des Martyrs & la Naissance des Princes, qu'il semble que vos Vers adioustent de la gloire à celle du Ciel, & des ornemens à ceux du Louure : Les Saints semblent receuoir de vous vne nouuelle felicité, & Monsieur le Daufin, vne seconde noblesse. Mais vous n'estes pas seulement vn grand Poëte, vous estes encore vn galand homme ; & ie vous confesse que ce que vous dites de vostre guerre d'Espagne, & des couches de la Reine, m'a fait rire au milieu de mon chagrin. A vostre conte *la bonne fortune du Roy estoit si empressée à Saint Germain, qu'elle ne pût pas se trouuer à Fontarabie.* Ainsi Diane laissa brusler son Temple à Ephese, la nuit qu'Alexandre vint au Monde, & qu'elle seruit de Sage-femme à sa Mere Olympias. Plutarque se moque de ce mot de l'Historien Timée, & Ciceron l'admire dans les liures de la nature des Dieux. Qui eſt-ce des deux qui a raiſon, & à qui doit-on donner gaigné? Ou s'il ne faut condamner ni l'vn ni l'autre, par quel accommodement les peut-on mettre d'accord ? Nous terminerons cette affaire d'importance à noſtre premiere veuë. Cependant, pour concluſion, i'ay vne choſe à vous dire, qui m'importe bien dauantage. Puis que vous m'aymez toujours, fouuenez-vous toujours de moy dans vos ſacrifices d'amour & de charité. Faites-moy quelque petite part de ces excés, & de ces deſbordemens de vertu, dont on m'a parlé. Que ces deſbordemens moüillent pour le moins ma fechereffe. Ie ne veux que vous voir, pour eftre meilleur. Venez, mon Reuerend Pere : Venez cultiuer par voftre prefence les pierres & le fable de noftre Defert. Ie vous en coniure de tout mon cœur, & fuis paffionnément,

Voftre, &c.

Le 5. Decembre 1638.

A MONSIEVR
de Marca, Conseiller du Roy en ses Conseils d'Estat & Priué.

LETTRE XVI.

MONSIEVR,
Apres vous auoir dit que i'ay reçeu auec beaucoup de ressentiment l'honneur que vous m'auez fait, il faut que ie vous die de plus, que ie prens part à l'honneur que vous faites à nostre

ſtre Siecle, & qu'il me faſcheroit bien de mourir, ſans auoir veû voſtre trauail en ſa derniere perfection. Ce trauail, Monſieur, ne ſera pas vne vaine montre de Sçience, ni vn ſimple ornement des Bibliotheques: Ce ſera vne piece neceſſaire à l'ordre des choſes, & qui manquoit à la gloire de la France. Il embellira tout-enſemble le Public, & fortifiera l'Eſtat. Les Roys le conteront parmy leur Domaine, ou le mettront au nombre de leurs Threſors: Et ſi dans vne profonde doctrine, vous n'auiez vne plus profonde humilité, vous me permettriez de le preferer aux Boucliers tombez du Ciel, aux Images estimées fatales, & aux autres Gages sacrez de la grandeur & de l'eternité des Empires. Mais vous ne voulez pas qu'on aille si haut, pour l'amour de vous, & vous n'auez garde de vous presenter vous-mesme auec tant de pompe. Le titre que vous auez donné à vostre beau liure, est moins superbe, & moins figuré : Il ne menace pas le Monde par vne insolente metaphore, quoy que sa modestie promette pourtant ce qu'il n'y a qu'vne parfaite intelligence qui puisse tenir. Vous entreprenez, Monsieur, le plus grand accommodement, dont on ait oüy parler, depuis qu'il y a des querelles fur la Terre : Et bien que la Preſtriſe & la Royauté ſoient deux puiſſances naturellement amies, voire deux Filles d'vn meſme Pere, elles ſont ſi ſouuent broüillées enſemble par les intereſts de leurs Domeſtiques, qu'il ſeroit difficile à l'Equité meſme, de reüſſir en cette reconciliation. Il eſt beſoin pour cela de garder vn temperament, dont la chaleur Françoiſe n'eſt gueres capable, & beaucoup moins le faſte Romain. Il ne faut ni vn eſprit d'eſclaue, ni vn eſprit d'ennemy : Il faut vne ame remplie de lumiere, & vuide de paſſion : Il faut reconnoiftre le pouuoir du Roy, & deferer à l'authorité du Pape; mais il faut dépendre abfolument de la Verité, qui eft la fuperieure du Pape & du Roy, & la plus forte des chofes du monde. Quelle gloire vous fera-ce, fi on croit que c'eft elle feule que vous auez eu deffein d'obliger, & fi on dit que vous auez defendu fes droits, comme fi vous-eftiez à fes gages, & que vous euffiez reçeu d'elle le commandement d'efcrire des liures: La belle chofe, Monfieur, que d'eftre appellé vn iour L'HOMME DE LA VERITÉ. Ie n'ay rien apperçeu en vos Efcrits qui puiffe nuire là deffus à vos efperan-

ces, & à vne si noble preten-
sion, si vous l'auez euë en escriuant: Rien n'y sent le lasche,
ni le rebelle : Et quoy que ie
n'aye encore consideré que les
Dehors de l'ouurage, & deux
ou trois pieces de l'Entrée, ie
n'ay pas laissé d'en comprendre
le merite en gros. I'ay veû d'a-
bord que vostre sçience est sage, que vostre liberté est discrete, & que vostre zele n'est
pas aueugle. La plus-part des
Liures sont remarquables par
le defaut de ces qualitez, & la
plus-part des Lecteurs se passent
aisément de ces qualitez, quand
ils ne les trouuent pas dans les
Liures. Pour moy, ie ne cher-

che plus autre chose, depuis que mes cheueux gris m'ont aduerty de chercher le solide, & le serieux: Mais particulierement, Monsieur, i'estime si fort cette sagesse sçauante, que sans elle ie ne sçaurois estimer ni tout le Latin de Baronius, quand il y en auroit des montagnes, ni tout le Grec de Casaubon, quand il seroit plus Attique qu'Athenes mesmes ; ni tout l'Hebreu & l'Arabe de Scaliger, quand il en sçauroit plus que les Rabins, & que le Muphty. Par cét appas du bon sens & de la raison, si bien preparé, vous emportez mon esprit, apres auoir gagné mon cœur par vn autre charme, & ie ne suis pas moins en cecy vostre Partisan, que d'ailleurs ie suis obligé d'e-stre,

MONSIEVR,

Le 6. Aoust 1641. Vostre, &c.

A MONSIEVR
de Rampalle.

LETTRE XVII.

Monsievr,
Ie vous ay estimé auant que ie sçeusse que vous m'aymassiez, & quand vous ne m'auriez point fait sçauoir vne si bonne nouuelle, ie parlerois de vos Vers auec passion, parce qu'en effet ils m'en ont donné. Il y a du feu dans ces Vers, qui s'est coulé iusques dans mes veines,

& ie vous auouë auec quelque honte, que ma vieilleſſe en a eſté vn peu reſchauffée. Ie ne le puis diſſimuler, ils m'ont chatoüillé le cœur, & ie parus moins ſeuere le iour que ie les reçeus, que ie n'eſtois le iour de deuant. Vous touchez ſi viuement l'eſprit, qu'il faudroit n'en point auoir, pour ne pas ſentir ces viues atteintes. Voſtre art eſt vne ſeconde Nature, & vos images ſont pluſtoſt la perfection des choſes que leur repreſentation. Il eſt vray que les Hiſtoires que vous deſcriuez, ſont de celles qui enſeignent à faillir, & qui faiſoient perdre les Eueſchez dans la rigueur de l'ancienne Eglise. Que sçait-on mesme si vostre Metamorphose ne seroit point capable de faire d'autres Metamorphoses, de faire plus d'vne ★ ★ ★ ★ dans la troupe de Diane ; de changer les chastes en amoureuses, & le plaisir de lire, en tentation de pecher ? Mais ie n'ay ni assez de vertu, ni assez d'authorité, pour vous donner des auis spirituels : Ie me contente de vous destiner des matieres saintes, & de vous dire sur le suiet de celles qui ne le sont pas, & qui sont si dangereuses entre vos mains, ce que disoit vne bonne Vieille de Rome, lisant les Nouuelles de Bocace, *Pleust à Dieu que cecy fuſt dire ſes Heures!* Vous voyez par la negligence de cette lettre que ie me ſuis défait de mon Eſtat de Declamateur : I'ay renoncé abſolument au genre demonſtratif, & ne me meſle plus d'Eloquence : Mais ie fais grande profeſſion de verité, & vous me deuez croire, vous proteſtant que ie ſuis,

MONSIEVR,

Voſtre, &c.

Le 21. May 1640.

A MONSIEVR de la Chambre, Conseiller & Medecin du Roy, & ordinaire de Monseigneur le Chancelier, &c.

LETTRE XVIII.

MONSIEVR,
Voſtre humilité vous rend iniuſtice, & me fait faueur : Elle m'eſleue, en vous abaiſſant ; Mais ie ne m'en eſtime pas plus

grand, ni ne vous en trouue plus petit. Ie connois le ſtile du lieu où vous eſtes : Semblables humilitez font partie de voſtre belle raillerie, & à la Cour vous-vous ioüez des paroles, dont nous-nous ſeruons tout de bon dans les Prouinces. Il faut bien que cela ſoit ; Car autrement ſeroit-il poſſible que n'ignorant rien, vous ne ſçeuſſiez pas ce que vous valez ? Vous ſeriez-vous excepté de la connoiſſance vniuerſelle que vous-vous eſtes acquiſe, & auriez-vous obeï & deſobeï en meſme temps à l'Oracle d'Apollon ? En effet, apres auoir conſideré, examiné, eſtudié voſtre liure quinze iours entiers, ie conclus que iamais homme n'a connu l'Homme à l'égal de vous. Iamais le Dieu de Delphes n'a esté plus noblement, ni plus ponctuëllement obeï ; Non pas mesme par celuy à qui il rendit tesmoignage d'vne parfaite sagesse ; ni par celuy qu'on appella autrefois *l'Entendement* ; ni par cét autre qu'on appelle encore auiourd'huy *le Demon de la Nature*. Ce Demon est entré à la verité dans l'ame de l'homme, mais il s'est aresté à la porte : Il n'a fait que vous ouurir, & vous faire le chemin ; & si i'estois assez hardy, ie dirois qu'il n'est que de la basse Cour,

& que vous estes du Cabinet. Il n'y a coin ni cachette de l'esprit humain, où vous n'ayez penetré : Il ne se passe rien là dedans de si viste ni de si secret, qui eschape à la subtilité de vostre veuë, & dont vous ne nous apportiez des nouuelles tres-fidelles & tres-asseurées. Nos plus grands Philosophes ne sont que les Scholiastes & les Grammairiens d'Aristote, comme Eustathius l'a esté d'Homere, & Seruius de Virgile. Nos meilleurs liures modernes ne sont que les redites & les copies des liures anciens, ou pour le plus, que leurs gloses & leurs paraphrases. Ie ferois tort au vostre, si i'en parlois de la sorte. I'iniurierois la premiere & la souueraine raison, dont il est l'ouurage, si ie l'attribuois aux leçons que vous auez prises, & aux lieux communs que vous auez faits. Vous n'estes rien moins que Commentateur & que Copiste ; & de vous mettre au nombre de ces esprits du second ordre, ce seroit vous oster de vostre place. On peut donc dire, sans en dire trop, que vous estes Philosophe en chef ; que vos Escrits sont originaux ; que vous auez fait progrés dans la Verité ; que vous y auez descouuert des Regions inconnuës ; qu'il faut qu'elles portent vostre

voſtre nom, & que le Deſtroit de Magellan ne doit pas eſtre plus celebre que certains endroits par où vous auez paſſé. Il n'y a point de doute que vous y auez paſſé le premier, & que la gloire de l'Inuention vous eſt deuë. Il y a telle choſe dans voſtre liure, pour la deſcouuerte de laquelle vn Grec auroit remercié ſes Dieux par vn ſacrifice d'action de graces. Et ſans venir au particulier de tant & de tant de rares choſes, le ſeul *Diſcours de la connoiſſance des Animaux*, eſt vne nouueauté qui euſt fait Secte à Athenes, & vous euſt donné rang parmy les Fondateurs des Ordres

Philosophiques. Si Aristote luy mesme reuenoit au Monde, vne si excellente nouueauté exciteroit de la ialousie dans son esprit : Elle ne l'affligeroit pas moins qu'elle l'instruiroit : Estant ambitieux, comme il estoit, il seroit inconsolable de n'en estre pas l'autheur. Mais en quelle partie du Monde ignoré auez-vous trouué cét agrément & cette lumiere, qui manquent à ses ouurages, & qui conuient, qui sollicitent, qui obligent tous les yeux à s'arrester sur les vostres ? Le *Beau* s'y trouue inseparablement vny auec le *Bon*. De vostre grace il est iour dans la Philosophie, apres vne nuit de plusieurs siecles ; & vos paroles sont si nettes & si pures ; sont si puissantes & si efficaces, que bien loin d'obscurcir les choses aux Clair-voyans, il me semble qu'elles pourroient illuminer les Aueugles. En descourant les obiets, elles fortifient & resiouïssent la veuë : Elles plaisent aux Seueres & aux Tristes : Et le plaisir en est tel, que ie ne doute point qu'vne expression si fleurie & si attrayante dans les matieres les plus espineuses & les plus rudes, ne décredite bien-tost les Romans; ne desgouste la France des Comedies, & de tous les autres appas, où se prennent les esprits voluptueux. Cela estant, si ie ne suis l'homme du monde le plus trompé, & ne vous ayant rien escrit qui ne sorte d'vn cœur plein, & d'vne ame persuadée, ie respons encore dans vne grande seriosité, ou aux railleries, ou aux ciuilitez de vostre lettre. Ie vous dis pour fin, que si vous auiez perdu quelque chose par mon absence, comme vostre courtoisie le veut aoüer, ce seroient des applaudissemens sans nombre ; ce seroient des exclamations hautes & frequentes, interrompuës quelquefois par vn silence d'admiration;ce seroient des mines & des postures d'vn homme rauy, & autres semblables choses, dont les Courriers & les Messagers ne se chargent point. Voila ce que vous auez peut-estre perdu. Et en verité, ie pense que si i'eusse esté à Paris, quand vostre liure fut publié, on auroit veû en ma personne la representation des CARACTERES dont vous deuez traiter au Chapitre de l'Extase, & que ie n'ay pas le don d'exprimer, comme vous, sur le papier, où ie me contenteray de vous asseurer que ie suis passionnément,

MONSIEVR,

Vostre, &c.

Le 15. Septembre 1645.

A MONSIEVR de Saumaise.

LETTRE XIX.

MONSIEVR,
C'est assez que ie sçache que vous m'auez fait l'honneur de connoistre de ma cause. Apres cela, ie n'attens point l'Arrest que vous auez prononcé, pour vous remercier de la bonne iustice que vous m'auez renduë. Fauorable ou contraire, ie la nomme bonne, parce qu'estant

voſtre, elle ne fçauroit eſtre mauuaiſe. Et quand i'en craindrois l'extréme rigueur, comme i'en eſpere quelque choſe de plus doux, ie ſuis trop perſuadé de l'integrité & de la ſuffiſance de mon iuge, pour ne pas approuuer ma condamnation, ſi elle eſtoit ſortie de ſa bouche. En telles affaires que cette-cy, ie n'appelleray iamais de vous à vn autre. Ni le Peuple, ni la Poſterité ne ſont point d'aſſez grands noms, pour eſtre oppoſez à celuy de Monſieur de Saumaiſe: Et ſi ie diſois qu'il tient auiourd'huy dans la Republique des Lettres le rang qu'y tenoit autrefois le Confident de la Reine Zenobie, reconnu pour l'Oracle de son Siecle, & pour le Thresor des Siecles passez, ie ne dirois rien que ie ne fisse auouër à la plus saine partie de la mesme Republique. Decidez donc souuerainement, Monsieur, toutes les matieres contestées; vostre auis doit estre la derniere regle de nos differens. Contre vne si legitime authorité il n'y a point de secours chez les Rabins, ni d'Asyle en Orient, ni de ressource au païs des Hellenistes; Et quelque peu de disposition que tesmoigne mon Aduersaire à vne deference pareille à la mienne, nous sommes pourtant obligez de vous dire l'vn & l'autre, *Tibi summum rerum iudicium Dij dedere, Nobis obsequij gloria relicta est.* Pour moy, ie conserueray cette gloire auec respect, & seray toute ma vie auec passion,

MONSIEVR,

Vostre, &c.

Le 10. Octobre 1643.

A MONSIEVR
de Scudery.

LETTRE XX.

Monsievr,

Vous n'auez pas pris conseil du Secretaire de Florence en la distribution de vos bien-faits : Il vous eust dit que vous les deuiez verser goutte à goutte, & qu'il faut faire durer les Graces. Mais la grandeur de courage, dont vous faites profession, est au dessus de ces maximes peu genereuses: Elle espand le bien à pleines mains, & vous penseriez n'auoir pas donné, si vous n'auiez enrichy. I'ay trouué dans vn mesme paquet vostre Lettre, vostre Requeste, vostre Tragedie, & vos Obseruations sur le Cid. Voila bien des faueurs tout à la fois. Si vous eussiez esté bon mesnager, vous auiez dequoy receuoir quatre remerciemens separez. Mais, sans doute, c'est que vous auez voulu vous garentir de trois mauuais complimens, en vous contentant de cettui-cy. Ie ne pretens pas, Monsieur, qu'il m'acquitte de ce que ie vous dois: Il vous tesmoignera seulement que ie confesse vous deuoir beaucoup, & que le Desert ne m'a pas rendu si sauuage, que ie ne sois touché des raretez qu'on nous apporte du Monde. Ie mets en ce nombre-là les presens que vous m'auez faits, & vous sçauez bien que ce n'est pas d'auiourd'huy que i'estime les choses que vous sçauez faire. I'ay esté vn des premiers qui ay recueilly auec honneur vos Muses naissantes, & qui battis des mains, lors que vos premiers essays furent recitez. Depuis ce temps-là mon estime a crû auec vos forces, & ayant donné des applaudissemens à vn commencement de belle esperance, ie ne puis pas legitimement refuſer ma voix à des productions acheuées. Mais le merite de vos Vers eſt ignoré de fort peu de gens: voſtre Proſe en a ſurpris quelques-vns, qui ne vous connoiſſoient pas tout entier; Et comme elle a quantité de graces, outre celles de la nouueauté, elle a eu auſſi quantité de Partiſans, dont ie ne ſuis pas le moins paſſionné. Ce n'eſt pas pourtant à moy à connoiſtre du different qui eſt entre vous & Monſieur Corneille, & à mon ordinaire, ie doute plus volontiers que ie ne reſous. Bien vous diray-ie qu'il me ſemble que vous l'attaquez auec force

& adresse, & qu'il y a du bon sens, de la subtilité, & de la galanterie mesme, en la plus-part des obiections que vous luy faites. Considerez neantmoins, Monsieur, que toute la France entre en cause auec luy, & qu'il n'y a pas vn des Iuges, dont le bruit est que vous estes conuenus ensemble, qui n'ayt loüé ce que vous desirez qu'il condamne. De sorte que quand vos Argumens seroient inuincibles, & que vostre Aduersaire mesme y acquiesçeroit, il auroit dequoy se consoler glorieusement de la perte de son procés, & vous pourroit dire que d'auoir satisfait tout vn Royaume, est quelque chose de plus grand & de meilleur, que d'auoir fait vne piece reguliere. Il n'y a point d'Architecte d'Italie, qui ne trouue des defaux en la structure de Fontaine-bleau, & qui ne l'appelle vn Monstre de pierre: Ce Monstre neantmoins, est la belle demeure des Roys, & la Cour y loge commodément. Il y a des beautez parfaites, qui sont effacées par d'autres beautez qui ont plus d'agrément & moins de perfection: Et parce que l'acquis n'est pas si noble que le naturel, ni le trauail des hommes si estimable que les dons du Ciel, on vous pourroit encore dire que sçauoir *l'art de plaire* ne vaut pas tant que sçauoir *plaire sans art*. Aristote blasme *la Fleur d'Agathon*, quoy qu'il die qu'elle fust agreable, & *l'Oedipe*, peut-estre, n'agreoit pas, quoy qu'Aristote l'approuue. Or s'il est vray que la satisfaction des Spectateurs soit la fin que se proposent les Spectacles, & que les Maistres mesmes du mestier ayent quelque-fois appellé de Cesar au Peuple, le Cid du Poëte François ayant plû, aussi bien que la Fleur du Poëte Grec, ne seroit-il point vray qu'il a obtenu la fin de la representation, & qu'il est arriué à son but, encore que ce ne soit pas par

par le chemin d'Ariſtote, ni par les adreſſes de ſa Poëtique? Mais vous dites qu'il a eſbloüi les yeux du Monde, & vous l'accuſez de charme & d'enchantement. Ie connois beaucoup de gens, qui feroient vanité d'vne telle accuſation; & vous me confeſſerez vous-meſme, que la Magie ſeroit vne choſe excellente, ſi c'eſtoit vne choſe permiſe. Ce ſeroit, à dire vray, vne belle choſe de pouuoir faire des prodiges innocemment, de faire voir le Soleil, quand il eſt nuit; d'appreſter des feſtins, ſans viandes ni officiers; de changer en piſtolles les feüilles de cheſne, & le verre en diamans. C'est ce que vous reprochez à l'Autheur du Cid; qui vous auouänt qu'il a violé les regles de l'Art, vous oblige de luy auouër qu'il a vn secret qui a mieux reüssi que l'Art mesme; & ne vous niant pas qu'il a trompé toute la Cour, & tout le Peuple, ne vous laisse conclure de là, sinon qu'il est plus fin que toute la Cour & que tout le Peuple, & que la tromperie qui s'estend à vn si grand nombre de personnes, est moins vne fraude qu'vne conqueste. Cela estant, Monsieur, ie ne doute point que Messieurs de l'Academie ne se trouuent bien empeschez dans le iugement de voſtre procés, & que d'vn coſté, vos raiſons ne les eſbranlent, & de l'autre l'approbation publique ne les retienne. Ie ſerois en la meſme peine, ſi i'eſtois en la meſme deliberation, & ſi de bonne fortune ie ne venois de trouuer voſtre Arreſt, dans les Regiſtres de l'Antiquité. Il a eſté prononcé il y a plus de quinze cens ans, par vn Philoſophe de la famille Stoïque; mais vn Philoſophe, dont la dureté n'eſtoit pas impenetrable à la ioye; duquel il nous reſte des Satyres & des Tragedies; qui viuoit ſous le regne d'vn Empereur Poëte & Comedien, au Siecle des Vers

& de la Musique. Voicy les termes de cét autentique Arrest, & ie vous les laisse interpreter à vos Dames, pour lesquelles vous auez bien entrepris vne plus longue & plus difficile traduction.

ILLVD MVLTVM EST PRIMO ASPECTV OCVLOS OCCVPASSE, ETIAMSI CONTEMPLATIO DILIGENS INVENTVRA EST QVOD ARGVAT. SI ME INTERROGAS, MAIOR ILLE EST QVI IVDICIVM ABSTVLIT, QVAM QVI MERVIT.

Vostre Aduersaire trouue son conte dans cét Arrest, par ce fauorable mot de MAIOR EST; & vous auez aussi ce que vous pouuez desirer, ne desirant rien à mon aduis, que de prouuer que

IVDICIVM ABSTVLIT. Ainſi vous l'emportez dans le Cabinet, & il a gagné au Theatre. Si le Cid eſt coupable, c'eſt d'vn crime qui a eu recompenſe : S'il eſt puny, ce ſera apres auoir triomphé. S'il faut que Platon le banniſſe de ſa Republique, il faut qu'il le couronne de fleurs en le banniſſant, & ne le traite pas plus mal qu'il a traité autre-fois Homere : Si Ariſtote trouue quelque choſe à deſirer en ſa conduite, il doit le laiſſer iouïr de ſa bonne fortune, & ne pas condamner vn deſſein que le ſuccés a iuſtifié. Vous eſtes trop bon, pour en vouloir dauantage. Vous ſçauez qu'on apporte souuent du temperament aux Loix, & que l'Equité conserue ce que la Iustice pourroit ruiner. N'insistez point sur cette exacte & rigoureuse iustice. Ne vous attachez point auec tant de scrupule à la souueraine raison: Qui voudroit la contenter, & suiure ses desseins & sa regularité, seroit obligé de luy bastir vn plus beau Monde que cettui-cy: Il faudroit luy faire vne nouuelle Nature des choses, & luy aller chercher des Idées au dessus du Ciel. Ie parle pour mon interest : Si vous la croyez, vous ne trouuerez rien qui merite d'estre aymé, & par consequent ie suis en hazard de perdre vos bonnes graces, bien qu'elles me soient extrémement cheres, & que ie sois passionnément,

MONSIEVR,

Voſtre, &c.

Le 27. Aouſt 1637.

A MONSIEVR
Perrot d'Ablancourt.

LETTRE XXI.

Monsievr,
Ce petit mot vous menace d'vne grande paire d'Escritures, & ie me prepare à ie ne sçay quoy de bien long, sur le suiet de Tibere, & de ses honnestes successeurs. Il me fasche neantmoins, de quitter la Liberté pour la Tyrannie, & mon Tite-Liue pour vostre Tacite : Mais

Tacite eſtant deuenu voſtre, ma mauuaiſe humeur contre luy ne ſçauroit durer. Ie ne puis haïr vn homme que vous aymez: Et à vous dire le vray, il me ſemble que cettui-cy s'eſt fait plus doux & moins eſpineux, depuis qu'il a paſſé par vos mains. L'importance eſt que vous ne vous eſtes point ſali en maniant de ſales matieres, & que parmy les ordures de la Politique voſtre Morale s'eſt conſeruée en ſa pureté. Vn Philoſophe Stoïque du dernier Siecle, comme vous diriez Iuſte Lipſe, a eu la meſme paſſion que vous : Vn grand Capitaine, comme vous diriez le Marquis

Spinola, a fait en sa langue la mesme traduction, quoy qu'elle n'ait point esté publiée, & ie vous apprens ce secret, que ie tiens d'vn de ses plus particuliers Confidens. Ainsi vous n'estes ni le seul Genereux, ni le seul Sage, qui vous estes plû à considerer les mauuais Temps, & qui auez trauaillé sur l'Histoire de l'Empire corrompu, auec vne ame digne de la saine Republique. Vous ne sçauriez croire combien ie prise vostre trauail; les beautez & la chasteté de vostre stile; ce qui est nay auec vous & ce que vous auez acquis. Mais c'est vn suiet pour vne autre paire d'Escritures: Ie

finis le petit mot, par la sincere protestation que ie vous fais
d'estre de toute mon ame,

MONSIEVR,

Vostre, &c.

Le 4. Iuin 1643.

AV REVEREND
Pere d'Eſtrades, Theologien de la Compaignie de IESVS, Superieur de la Maiſon Profeſſe de Bordeaux.

LETTRE XXII.

MON REVEREND PERE,

En fin, mes eſtrénes ſont venuës. I'ay reçeu les Diſcours de Controuerſe que vous m'auez fait la faueur de m'enuoyer, &

que vous auez raiſon d'appeller des *Armes*: l'adiouſte *fatales & inuincibles*, & penſe encore en dire trop peu : Car en effet, qui pourroit aſſez eſtimer des armes que Monſieur le Grand Prieur a forgées, & que vous auez enrichies; à qui il a donné la trempe & la force, & vous la façon & les ornemens? Voſtre Miniſtre eſt trop heureux de mourir d'vne ſi belle mort. Aſſeurément du Moulin & Meſtrezat la luy enuieront. Mais en noſtre particulier, que deuons nous faire? Il faut bien nous reſiouïr au nom de nos Muſes, de l'honneur que leur fait vn homme de ſi haute condition ; qui a eu de si grands & de si illustres emplois ; qui est à present Gouuerneur d'vne Prouince, & qui peut vn iour estre Souuerain d'vn Peuple de Gentils-hommes. Ie vous l'auouë franchement, mon mestier commence à ne me desplaire pas tant qu'il faisoit : Ie commence à l'aymer vn peu dauantage, depuis qu'il m'est commun auec ce Cheualier sans reproche, & que luy & moy sommes Autheurs d'vne mesme langue. Mais ie vous prie, mon Reuerend Pere, qu'on ne vous dégouste point de l'office que vous venez de luy rendre, & ne vous imaginez pas que cette action, qui semble estre d'inferiorité, soit vne action indigne de vous. Il y a plus de gloire à copier les Oracles qu'à dicter ses Inuentions. Les Sibilles & les Prophetes ne faisoient rien que redire, aussi bien que vous; n'estoient qu'interpretes & que messagers. Et pour ne le pas prendre de si haut, la Posterité ne vous sçaura pas moins de gré de luy conseruer quelque piece de la Theologie de Monsieur le Grand Prieur, que nous-nous sentons obligez à Arrien, de nous auoir sauué les reliques de la Philosophie d'Epictete. Trauaillez donc sans scrupule à ce noble Recueil des raisons & des argumens d'autruy. Et toute-fois, puis qu'en matiere de doctrine vous n'estes pas moins riche de naissance que de fortune & d'acquisition, enuoyez-nous aussi quelque chose qui parte immediatement de vous, & qui face voir à vostre Ministre, que vous le sçauez battre de vos seules forces. Ce sera pour l'acheuer, & pour ne luy pas laisser aux abbois où vous l'auez mis, ce petit mot de consolation, dont peut-estre il flate son desespoir, *Quel moyen de ne pas ceder à l'Oncle d'vn homme, qui a tant de Legions?* I'attendray ce second present, pour mes estrénes

nes de l'année prochaine, & demeureray cependant, de toute mon ame,

MON REVEREND PERE,

Vostre, &c.

Le 15. Ianuier 1640.

Dd

A MONSIEVR de Borstel.

LETTRE XXIII.

MONSIEVR,
Le Gentil-homme qui m'a rendu voſtre lettre, vous porte les Sermons que vous auez voulu que ie leuſſe, & dont vous voulez que ie vous mande mon ſentiment. Ie les ay leus auec beaucoup de plaiſir, & il me ſeroit meſme permis

de dire auec beaucoup d'edification. Car en effet, il me semble qu'ils ne s'esloignent point de la doctrine Orthodoxe: Et sans deux ou trois petites marques, qui les font reconnoistre du party contraire, & quelques legeres atteintes qu'ils donnent à des Dehors que nous ne défendons gueres, ils pourroient estre preschez auec applaudissement dans l'Eglise nostre Dame de Paris. I'y ay trouué de la beauté en plusieurs endroits, & de la force presque par tout: Principalement en ce que i'ay veû de nostre tres-cher Monsieur Daillé. Il n'est pas de ces Orateurs, Singes de Seneque, dont les antitheses perpetuelles ne piquent que la superficie de l'ame. Comme il se sert de meilleures armes qu'eux, il fait de plus profondes blesseures: Il laisse de veritables aiguillons dans le cœur, & non pas de fausses pointes dans les oreilles. Aussi a-t-il veû l'idée de cette souueraine Rhetorique, dont ie fis dernierement le crayon, & que Monsieur Costar appelle la Reine des Estats libres: C'est celle-là qu'il a estudiée, chez les bons Maistres. Et bien que par vn certain scrupule, attaché à sa profession, il n'ose pas l'employer en toute son estenduë, & qu'il en cache plus qu'il n'en defcouure, il eſt pourtant aiſé à voir qu'il poſſede ce qu'il ne monſtre pas, & qu'il eſt riche & puiſſant, quoy qu'il ſoit modeſte & meſnager ★ ★ ★ ★. En vn mot, ie ſuis auec paſſion,

MONSIEVR,

Voſtre, &c.

Le 4. Feurier 1639.

A MADAME

de Nefmond, Superieure des Vrfulines d'Angoulefme.

LETTRE XXIV.

MADAME MA CHERE COVSINE,

Il est Mécredy matin, & vous pouuez garder iufqu'à Vendredy au soir le liure de Monsieur Godeau : Mais ie vous declare que ie ne sçaurois me resoudre à vne plus longue absence. Sçauez-vous bien ce que ie fais pour l'amour de vous ? Ie me fepare d'vn amy de toutes les heures du iour: Ie me priue d'vne compaignie, qui rend heureufe la folitude : Ie laiffe partir vn hofte, qui paye en rubis & en diamans. Il fera à la verité bien toft de retour : Mais cependant, quelle conftance me faudra-t-il, pour eftre fans luy, auiourd'huy, demain, & apres-demain ? Quand vous aurez veû les merueilles dont ie vous parle, vous accuferez mes paroles de baffeffe & de lafcheté ; Vous-vous moquerez du peu de valeur de mes images, quoy que ie les tire des plus precieuses matieres que la magnificence puisse mettre en œuure ; quoy que ie les face de rubis & de diamans. Vous me direz que dans tout le Monde inferieur, & dans toute la Nature visible, il ne se trouue point de comparaison qui soit digne de mon amy ; que c'est vn Ange desguisé en Poëte ; qu'il est desçendu en Terre, pour apprendre aux hommes la Langue & la Musique du Ciel. Disons au moins, & demeurons-en d'accord vous & moy, qu'auant luy nos Muses estoient des Courtisanes & des filles desbauchées, & qu'il les a tirées de cette vie scandaleufe, pour en faire des Saintes & des Religieuses, comme vous : Disons qu'il a ramené les Vers à leur premier & à leur legitime vsage; qu'il a purifié le Parnasse, qu'on auoit remply de toutes les ordures de l'esprit humain, de la bouë & de la corruption de tous les Siecles. Mais que ne diroit point vne Preface de ma façon sur le liure que ie vous enuoye, puis que desia i'en ay fait tant dire à vn billet ? Encore ce mot de responfe à voftre lettre. Pardonnez-moy, Madame ma chere Coufine, si ie ne puis faire ce que vous desirez de moy. Ie ne croy pas que ie quitte Saint Iean Chryfoſtome & Saint Leon Pape, qui ſont mes Predicateurs du Deſert, pour voſtre Predicateur de la Ville, aux Sermons duquel vous me conuiez : Et à moins que ce fuſt vous-meſme, qui preſchaſſiez dans voſtre Chapelle, il me ſeroit bien difficile de partir de mon Hermitage, tant que durera la belle ſaiſon. Ne penſez pas que ie veüille rire, quand ie vous parle de preſcher. Il ne vous manque que le droit de le faire, qui par malheur n'a pas eſté accordé à voſtre ſexe; & vous auriez de l'eloquence de reſte, ſi l'Egliſe vous permettoit de vous

en seruir. Ie vous donne le bon
iour, & suis de toute mon ame,

MADAME MA CHERE COVSINE,

Vostre, &c.

Le 7. May 1634.

A MONSEIGNEVR

l'Euesque de Grasse.

LETTRE XXV.

Monseigneur,
I'ay reçeu voſtre Paraphraſe des Epiſtres Canoniques: Mais vous eſtes plus liberal que vous ne penſez, ou vous donnez plus que vous ne dites. La lettre que vous m'auez fait l'honneur de m'eſcrire, me promet quatre Apoſtres, & i'en trouue cinq

dans le Liure que vous m'auez fait la faueur de m'enuoyer. Est-ce vn defaut de memoire de n'auoir point parlé du cinquiesme, ou vn excés d'humilité de l'auoir conté pour rien ? Cecy encore est vne des marques de l'Apostolat ; & le mesme Dieu qui esleue ceux de vostre Ordre vis à vis des Anges, par la puissance qu'il leur a donnée, les porte à s'abbaisser au dessous des hommes, par l'exemple qu'il leur a laissé. Mais ie ne suis pas obligé d'estre toujours d'accord auec vostre Humilité, ny de croire vn parfait qui presche son imperfection. Et sans vouloir mettre de ialousie entre les Saints qui triomphent dans le Ciel, & ceux qui combattent sur la Terre, ie croy pouuoir dire que l'Esprit qui vous anime, n'est pas autre que celuy qui les inspiroit, & que vous parlez auec la force que parloient nos Peres, quand le Sang de nostre Seigneur boüilloit encore dans les veines de l'Eglise. Ie remarque dans vos Oeuures la Langue de ces temps heroïques, & le courage de ces Heros: Quoy que ie sois de glace, ie m'allume en les lisant; Et ie ne trouuerois point de difference de l'Epistre que vous auez faite, à celles que vous auez interpretées, si vous n'appelliez *Meßieurs*, ceux que les Apoſtres appellent *Mes freres*. Mais ce n'eſt pas par l'affectation de certains termes hors d'vſage qu'il faut imiter les premiers Chreſtiens. Il n'y a pas grand mal d'eſtre complaiſant à ſon Siecle en des choſes ſi peu importantes; & ſans ſe relaſcher de l'ancienne Auſterité, on peut bien rendre quelque petite deference à la Couſtume ★ ★ ★ ★. ★ ★ Ie ſuis,

MONSEIGNEVR,

Voſtre, &c.

Le 12. Auril 1639.

A MONSEIGNEVR
l'Euesque de Grasse.

LETTRE XXVI.

MONSEIGNEVR,
Cherchez vn autre que moy qui face ce que vous luy ordonnez. Vous me demandez vne chose qui n'est pas en ma puissance, & vos ouurages estant mes amours, comment voulez-vous que ie les regarde auec des yeux d'ennemy ? Il faudroit pour cela estre aussi Barbare que

que les anciens Gots, qui faifoient la guerre à toutes les belles chofes, ou d'auffi mauuaife humeur que ce moderne Italien, qui n'a commenté Ariftote que pour le reprendre. Ie ne fuis ni Got, ni Cafteluetro. Ie fuis voftre conftant & perpetuël Admirateur. Vos Vers, voftre Profe, vos inuentions, vos imitations, vos luts, vos fluftes, & vos trompettes, plaifent abfolument, & fans condition, à cét Admirateur perpetuël. Tout ce qui vient de vous me charme de telle forte, qu'il n'y a point moyen que i'en iuge fainement, fi la paffion & le tranfport ne font capables de bien iuger.

Vous n'aurez de moy que cette veritable protestation. Mais que voudriez-vous dauantage? Que vous pourrois-ie dire de vos dernieres compositions, si ce n'est que la quantité *du Beau* & *du Bon*, m'en oste le choix, & que,

Comme en cueillant vne guirlande
L'homme est d'autant plus trauaillé
Que le parterre est esmaillé,
&c.

Ie suis sans reserue,

MONSEIGNEVR,

Vostre, &c.

Le 22. Ianuier 1644.

A MONSIEVR
Maury, Docteur en Theologie.

LETTRE XXVII.

MONSIEVR,

Vos papiers m'ont appris vne infinité de bonnes choses, serieuses & plaisantes ; fortes & subtiles ; Attiques & Romaines en pareil degré. Mais ce doit estre la matiere de nostre conuersation de Dimanche, & ie

ne la veux pas entamer que ie
ne ſois auprès de vous. En attendant ce iour deſiré, il faut
que ie vous die pour nouuelle
que Monſieur de ✶ ✶ ✶ ✶ qui
eſtoit ſi fort voſtre amy, eſt
deuenu voſtre delateur. Tout
de bon il vous accuſa hier d'eſtre Magicien. Il ſouſtient encore auiourd'huy qu'il y a du
ſurnaturel en voſtre facilité
plus qu'Ouidienne. Il iure que
celle des Prophetes & des autres perſonnes inſpirées; que
celle d'Apollon meſme, leur
inſpirateur, n'a iamais eſté ſi
grande. Pour moy, ie n'oſerois pas aller iuſques-là : Ie dis
ſeulement que quand vous par-

lez en Profe, vous auez plus de peine à vous défaire des mefures & des nombres, que nous n'en auons à les trouuer, quand nous compofons des Vers. Ie croy qu'il ne tiendra qu'à vous que vous ne rimiez generalement tout ce qui eft efcrit dans le Monde ; que vous ne mettiez en mufique toutes les fciences; qu'on ne chante à l'auenir de voftre façon la Philofophie & la Theologie ; la Iurifprudence & la Medecine. Il n'eft point d'Autheur fi ferme & fi opiniaftre dans fa pofture, qui n'en change entre vos mains; fi ferieux & fi trifte que vous ne faciez danfer, autant de fois que vous le voudrez : Il n'est point de Mortel imprimé, à qui vous n'appreniez tout d'vn coup la langue des Dieux, par vne subite paraphrase. Vous auez desia fait vne Rhetorique en Vers ; Mais vous ferez vn Poëte de Ciceron quand il vous plaira : Ses Oraisons & ses Epistres deuiendront des Silues & des Epigrammes, quand vous l'aurez resolu,

O latices numerorum ! ô verba
fluentia cursu
Æterno. Talis Rhodanus ve-
sterque Garumna
Hibernis fluit auctus aquis.
Nec verba, sed illas
Res, ô Maure, illas, sed va-

stum ac fine carentem
Miramur rerum Oceanum,
quas fundis ab ore;
Formosam queis Burdigalam
ditare benignus
Pictonicumque solum voluisti,
& littora latè
Santonica, insignemque suis fi-
ne mœnibus vrbem;
Queis nostras, mi Maure,
beasti sæpius aures.

Ie vous baise tres-humblement les mains, & suis de toute mon ame,

MONSIEVR,

Vostre, &c.

Le 30. Aoust 1640.

A MONSIEVR

L'Huillier, Conseiller du Roy en ses Conseils, &c.

LETTRE XXVIII.

MONSIEVR,

Ie vous felicite d'auoir Monsieur de Roncieres pour Gouuerneur, Monsieur Rigault pour Confrere, & Mademoiselle Caliste, ou pour Maistresse, ou pour Escoliere. Si le mot de *feliciter* n'est pas encore François, il le sera l'année qui vient, & Monsieur de Vaugelas m'a promis de ne luy estre pas contraire, quand nous solliciterons sa reception. Ie vous felicite donc de vos bonnes fortunes de Lorraine, & vous auoüé que vous auez dequoy mesprifer les trois villes dont vous me parlez; quoy que Venize soit Reyne de la Mer; quoy que Rome soit Metropolitaine de la Terre, & qu'on accuse Madrid d'aspirer à la Monarchie vniuerselle. Si l'homme de Bilbilis a dit autre-fois à vne Caliste de moindre merite que la vostre, *Romam tu mihi sola facis*, que n'eust-il dit, s'il eust eu auec sa Maistresse deux tels amis que vous les auez? Quel mespris n'eustil fait des Peres Conscripts, & de l'ordre des Cheualiers; du Palais & de la Milice Palatine? Tout se trouue en trois personnes differemment excellentes. Vn petit Monde si parfait me plairoit bien dauantage que le grand Monde si corrompu. Et en consçience ie vous estime plus heureux d'estre à la table du venerable Vieillard, que si vous estiez à l'ordinaire de Iupiter; que si ce Pere des Dieux & ce Roy des hommes vous menoit auec luy aux festins qu'il fait chez l'Ocean, bien qu'on y verse le Nectar à seaux, & que les Muses y disent graces. Vostre lettre me promet son *Minutius*, que ie n'ay point veû (ie parle du Minutius de Monsieur voftre Hoste.) Mais à vous dire le vray, ie verrois bien plus volontiers ses propres & naturelles productions, que les ouurages d'autruy qu'il a r'abillez. Sur tout, Monsieur, i'aurois grande enuie de voir le Caractere de l'ancien Chrestien, qu'il me fit esperer de sa façon, la derniere fois que i'eus l'honneur de l'entretenir. Qu'vn tel Efcrit viendroit à propos en ce commencement de guerre ciuile, allumée entre les Orthodoxes, & qu'vne peinture de l'efprit & de la douceur de nos premiers peres, feroit efficace pour perfuader la paix à leurs enfans querelleux ; aux Iefuites & aux Ianfeniftes !

Exoriare liber, prifca virtutis imago,
Et dubia tandem propera fuccurrere Roma.

Aymez-moy toujours, ie vous en fupplie, puis que voftre amitié eft vne des plus douces confolations de ma trifte vie,

& que ie suis plus que personne du Monde,

MONSIEVR,

Voſtre, &c.

Le 18. Ianuier 1642.

A MONSIEVR
de Belleioye.

LETTRE XXIX.

MONSIEVR,

Pourquoy trouuez-vous si estrange que dans vne chanson à boire on ayt allegué le feu Roy de Suede, & le feu Duc de Weimar? Ie ne suis pas si sçauant que vous, il s'en faut de plus de la moitié : Ie sçay pourtant il y a long temps qu'on chantoit autrefois dans les ce-

lebres desbauches, Harmodius
& Aristogiton : Et vostre Athenée ne vous a-t-il pas appris v-
ne chanson d'Harmodius, qui
commence ainsi. *O tres-cher
Harmodius, tu n'es pas encore
mort; le bruit est que tu vis
dans les Isles des Bien-heureux,
auec le dispos Achille & lebra-
ue Diomede.* Sur cette chanson
d'Harmodius, le Loyolite qui
vous voulut conuertir, lors que
vous-vous trouuastes tous deux
dans ma chambre, m'a appor-
té vn passage d'Aristophane, &
vn autre du Scholiaste d'Aristophane, qui confirment celuy d'Athenée. Les voicy tous
deux,

Οὐδὲ παρ' ἐμοί ποτε τὸν Ἁρμό-
διον ᾄσεται,
Συγκαλακλινεὶς, ὅτι παροίνι-
ος ἀνὴρ ἔφυ.

*Aristophanes, Acharnensibus.
Ad quem locum Scholiastes.*

Ἐν τ̃ τῶν πότων συνόδοις ᾀδόντι
μέλος, Ἁρμοδίου καλύμενον
οὗ ἡ ἀρχὴ,
φίλταθ' Ἁρμόδιε, οὔτιπω τέθνη-
κας.

Vous estes, au reste, merueilleux de me chercher par tout des chansons à boire, que vous appellez des Odes Bachiques. C'est asseurément parce que ie vous escriuis l'année passée, que i'auois besoin d'appetit ; que i'estois desgousté des matieres
serieu-

serieuses; que ie ne voulois plus
ouïr parler de Morale ni de Politique. Ie ne suis pas toujours
en cette mauuaise humeur. On
argumente, on discourt, on
declame quelque-fois en nostre village : On y delibere des
affaires de la Republique Romaine : On y fait le procés à
Pompée & à Cesar. Vous y
trouuerez des Controuerses &
des Suasoires ; des Aduis donnez aux Consuls & aux Dicta-
teurs : Et s'il vous plaist que ie
le vous die d'vne plus noble
maniere,

Hîc soceri causa & generi cen-
sente Catone,
Et longa imperia & nimÿ

damnantur honores.
Hîc bona Libertas, tranquilla obscuraque vita
Præfertur regno Italiæ ac victricibus armis;
Consiliumque damus Sullæ, privatus vt altùm
Dormiat, & numeret salsos in littore fluctus,
Æquoreasque legat conchas.

Ce conseil de bien dormir qu'on donne icy à Sylla, me fait souuenir qu'il est temps de m'aller coucher, & de prendre congé de vostre sçauante Seigneurie. Ie suis,

MONSIEVR,
          Vostre, &c.

Le 20. Auril 1641.

A MONSIEVR
Collardeau, Procureur
du Roy à Fontenay.

LETTRE XXX.

Monsievr,

Ie souſtiens hautement, que vos Vers n'ont point d'auantage ſur voſtre Proſe : Ou ſi vous ne voulez pas que ie parle comme le Peuple, ie dis à tous ceux qui me veulent eſcouter, que vous n'eſtes pas moins vaillant à pié qu'à cheual. Le Panegyrique à nostre Monsieur d'Argenson, & le Vœu pour nostre Monsieur de Villemontée, sont dignes de vostre art & de leur vertu : l'estime également la matiere & la façon de l'ouurage ; la richesse de l'estoffe & la nouueauté de la broderie. Que vous embellissez d'vne agreable maniere, les obiets de mon amour ! Vous me les rendez, s'il estoit possible, encore plus aymables qu'ils n'estoient. Il est vray qu'vn Docteur de mes voisins, à qui i'ay fait voir les deux pieces, m'a allegué les deux Perroquets, qui furent sifflez à Rome durant la guerre Actiaque ; à l'vn defquels le siffleur auoit appris Ave Victor Cesar, & à l'autre, Ave Victor Antoni. Mais i'ay bien defendu l'honneur de vos Mufes contre l'allegation du Docteur : Ie luy ay refpondu qu'il n'y a point icy de guerre, ni d'ennemy, & que louër le Predeceffeur & le Succeffeur, ce n'eft faire qu'vne mefme chofe ; ce n'eft louër que l'homme du Roy, que les elections de la Reyne, que le iugement de fon Confeil. Ne vous mettez donc point en peine d'vne attaque que i'ay defia fouftenuë, & iouïffez paifiblement de la gloire que vous auez meritée, en trauaillant à celle d'autruy. Ie suis,

MONSIEVR,

Voſtre, &c.

Le 10. Aouſt 1646.

A MONSIEVR
de la Thibaudiere.

LETTRE XXXI.

MONSIEVR,
I'enuoyois demain en Poitou, si ie n'eusse appris auiourd'huy que vous estes encore à Paris. Vostre Receueur m'a estonné de cette nouuelle, & me vient d'oster l'esperance que i'auois de vous regaler icy dans quatre ou cinq iours. Le sçauant Peyrarede y doit estre en ce temps-

là, s'il est homme de parole. Il nous apporte ses coniectures sur Plaute & sur Martial, pour mesler auec nos truffes & nos champignons. De tout cela, & de beaucoup de sel & de poiure il ne se fera pas de mauuais ragousts. Mais où sera cependant, vostre incomparable Narratiue; vostre Eloquence facetieuse; vostre constante & perpetuelle ioye ? Où sera ce visage de ieune Pape, deuant lequel il n'y a point de chagrin qui puisse tenir? Sa seule idée me donne des pensées d'vn homme gay, encore que ie sois triste. Dans vn iour mesme de medecine, où ie n'escris pas mesme à

Titus Pomponius Atticus, vous me fourniſſez ce bon moment, pour m'offrir à vous en Latin & en François, contre Monſieur le Prieur & Monſieur le Iuge. Ils ont fait partie de vous attaquer chacun en ſa langue, ſi toſt que vous ſerez dans la Prouince. Mais que ie preuoy de gloire pour vous! Que cette iournée doit eſtre claire, & qu'elle adiouſtera de rayons à voſtre lumiere! Ie me prepare deſia à battre des mains, & à crier *Viuat & Sophos*, au grand Monſieur de la Thibaudiere! S'il en faut croire voſtre Receueur, vous eſtes ſi grand que vous ne ſçauriez rien faire de petit. Il nous a conté des merueilles de ce Braue de voſtre façon, qui n'a pas encore cinq ans & demy. Eſt-il vray qu'il ayme mieux paſſer par les feneſtres que par les portes; qu'il court ſur les pointes des precipices; qu'il va enleuer au milieu des flammes les choſes qui luy ſont cheres? Voila le commencement d'vn Heros, dont vn iour quelque Gomberuille eſcrira l'Hiſtoire. Ie parle ſerieuſement; Enée ne fit pas dauantage pour ſon pere, que voſtre fils a deſia fait pour les pommes cuittes, &c. Ie ſuis,

MONSIEVR,

Voſtre, &c.

Le 16. Octobre 1643.

A MONSIEVR
de la Thibaudiere.

LETTRE XXXII.

MONSIEVR,

Ie sçay que vous ne vous mettez pas volontiers en frais, mais ie sçay aussi que vous ne voulez pas perdre les bonnes coustumes. Ie me suis donc auisé, moy qui suis naturellement liberal, de vous enuoyer vostre equipage pour vostre Caresme-prenant de l'année presente. Entre autres choses, vous receurez vne These de satin, que les Philosophes d'Angoulesme m'ont dediée, & de laquelle vous pouuez faire ce docte masque, dont autrefois vous m'auez dit le dessein. Il est vray que Crassot n'est plus au Monde, & que Monmor est vn peu loin de Chisay. Mais pour qui prenez-vous Monsieur de ★★★, que vous auez à trois pas de vous, & qui depuis quelque temps est deuenu tout forme, tout matiere, tout genre, tout espece, tout cathegorie, tout predicament ? Vostre mommon ne sçauroit estre porté en meilleur lieu que chez luy. Il est en fonds de plus de deux mille Sillogismes, & il n'y en a pas vn qui ne soit de poids & trebuchant, à ce que m'a dit vn Gentil-homme de ses amis, qui ne sçait pas lire. Ie voudrois bien me pouuoir trouuer à vne si belle feste: Mais il faut attendre de Paris dequoy me porter à la Thibaudiere;

Tanta molis erat lecticam condere nostram!

Ie suis, Monsieur, mais tout de bon, & hors des termes de nostre figure,

     Vostre, &c.

Le 3. Nouembre 1642.

A MONSIEVR de la Thibaudiere.

LETTRE XXXIII.

MONSIEVR,
Pour toute responfe à vos eloquentes lettres, ie vous auertis que ie suis resolu d'en faire vn Recueil, & de les donner au Public, auec vne Preface de ma façon. Ie deurois apprehender que le succés de ce dessein me fust desauantageux. Mais mon affection n'est point capable de

ialousie. Elle passe sur toutes les considerations de l'amour propre & de l'interest particulier. Ie vous cede de bon cœur la Couronne que Monsieur de Boisrobert me bailla, m'erigeant en Roy des beaux esprits, & suis content de perdre le rang que ie tenois dans le stile Epistolaire, pourueu que ce soit vous qu'on mette en ma place. On vous y mettra sans doute, quand vous n'auriez iamais escrit que la derniere lettre que i'ay reçeuë, & ie vous auouë que les lumieres de vos Escrits sont si viues, & en si grand nombre, que i'en suis encore tout esbloüy. L'Helene d'Iſocrate me ſemble laide, en comparaiſon de la Dame dont vous m'auez fait le portrait. Tout ce qui nous reſte du debris de l'Antiquité, & de la main des plus fameux Maiſtres, n'approche point de cette peinture. Celuy meſme qui donnoit de l'ame & de l'eſprit aux couleurs, ne ſeroit qu'vn de vos apprentis. Nous trouuerions qu'il auroit barboüillé la Deeſſe de la Beauté, ſi on mettoit ſon ouurage vis-à-vis du voſtre ⁂⁂. Ie ſuis de toute mon ame,

MONSIEVR,

Voſtre, &c.

Le 28. Decembre 1643.

A MON-

A MONSIEVR
Conrart, Conseiller &
Secretaire du Roy.

LETTRE XXXIV.

MONSIEVR,

Il faut que ie sois bien persuadé de l'infinité de vostre bonté : Car si ie me figurois qu'elle eust quelques bornes, de quel front oserois-ie me presenter deuant vous? Ie m'y presente neantmoins, & auec vne estrange confiance ; C'est non seulement pour vous demander pardon d'auoir failly, mais aussi pour vous demander permission de continuër. Il ne s'est iamais oüy parler d'vne audace pareille à celle-là : Iamais coupable ne dissimula moins son inclination au mal, ni ne traita plus familierement auec son Iuge. Tout ce qui se peut dire à ma iustification, c'est que ie peche par infirmité, & que mes fautes ne sont ni malicieuses, ni volontaires. Ie languis icy au bout du monde, sans action & sans mouuement. Ie me pese à moy-mesme, & suis de nul vsage à autruy. Ie suis, si vous le voulez d'vn ton plus haut, vne partie paralitique de la commune focieté. Il me reſte ſeulement, Monſieur, quelque principe de vie que ie vous conſerue, & i'ay encore le cœur aſſez bon, pour vous honnorer comme ie dois. Ce *comme ie dois*, non plus que voſtre bonté, n'a point de limites; Et quand vous ne ſeriez pas perſonne extraordinaire, & vne des choſes que i'admire dans le Monde, moy qui ne ſuis pas grand Admirateur, vous m'auez obligé à eſtre plus qu'homme du monde,

MONSIEVR,

    Voſtre, &c.

Du 24. Octobre 1639.

A MONSIEVR Conrart, Conseiller & Secretaire du Roy.

LETTRE XXXV.

Monsievr,

Vostre Docteur n'est pas Orthodoxe : Pour le moins il a esté mal aduerty, & ie n'ay point songé, comme il vous a dit, à faire rien imprimer. Ie suis si dégousté de tout ce qui s'appelle Liure, qu'en l'estat où ie me trouue, i'effacerois plus volontiers mes escritures, que ie ne me resoudrois à les mettre au net. Asseurez donc le donneur d'auis qu'on luy a donné vne fausse allarme. Ie pardonne de bon cœur à la memoire de Don Rodrigue, & enterre toutes mes iniures, & tous mes ressentimens auec luy. Ie ne suis point homme à troubler le repos des Cimetieres; à m'aller escrimer auec la plume contre des Fantosmes; à violer les Franchises & l'Asile de la Mort. Il est vray, Monsieur, que le cher Menandre a entre ses mains deux Apologies, que i'ay faites il y a long temps, & desquelles il fera ce qu'il luy plaira: Mais il est vray aussi, que ie m'y défens, sans y attaquer personne; & mon equité, ma modestie, mes ciuilitez sont telles, que mes Amis de Quercy & de Perigord les ont appellées des bassesses & des laschetez. Ie laissay à Paris vne copie de ces deux Apologies, que N N. a charge de vous porter de ma part, auec quelques autres compositions Morales & Politiques. Vous m'en manderez vostre opinion, à vostre loisir, & me ferez toujours la faueur de croire que personne ne sçauroit estre plus passionnément que ie suis,

MONSIEVR,

Le 7. Auril 1639.   Vostre, &c.

LETTRES
CHOISIES
DV Sʳ DE BALZAC.
PREMIERE PARTIE.
LIVRE QVATRIESME.

A MONSIEVR
le President Mainard.
LETTRE I.

MONSIEVR,
Nous voicy au commencement d'Octobre, & vous m'es-

Gg iiij

criuiez par voſtre derniere lettre, que ſi vous eſtiez en vie, vous ſeriez icy dés le mois d'Aouſt. Afin que vous ne ſoyez pas mort, Dieu veüille que vous ne ſoyez pas veritable, & que vous me puiſſiez manquer de parole encore long temps ✶ ✶ ✶ ✶. Ie ſçay bien que dans les Vers Iupiter ſe moque des pariures de ceux qui ayment: Mais ſouuenez-vous que c'eſt en Proſe que voſtre promeſſe a eſté conçeuë, & qu'il ne vous eſt pas permis d'eſtre perpetuëllement fabuleux. Que s'il n'y a point moyen de vous faire ſortir de vos fictions, ni de reduire voſtre ſtile à la ſimplicité de la verité, ie ne laisseray pas de iouïr de mes desirs par vne autre voye. Ie vous verray, quand ie deurois perçer toutes les Montagnes qui nous separent, & vaincre toute la Barbarie qui est entre vous & moy. Pour cét effet, i'ay dans l'esprit le dessein d'vne Litiere, digne d'vn Ambassadeur d'Espagne. Ie m'en vais enuoyer aux celebres Foires de Poitou, & faire chercher deux Mules, aussi noires & aussi lissées, que celles dont vos Predecesseurs ont attelé le Carosse de la Lune. Cela fait, ie pars pour la haute Auuergne, & vous porte auec les glaces & les infirmitez de ma vieillesse, la plus viue & la plus ardente passion, dont puisse estre espris vn cœur de vingt-cinq ans.

Nec segnis mihi flamma placet. Malè nouit amare
Qui patiens, qui lentus amat.

Ie suis,

MONSIEVR,

Vostre, &c.

Le 5. Octobre 1641.

A MONSIEVR
Girard, Secretaire de feu Monseigneur le Duc d'Espernon.

LETTRE II.

MONSIEVR,

Il faut que vous soyez bien determiné d'auoir entrepris le voyage de Paris auec le Messager de Bordeaux. Ie suis en peine du succés de vostre temerité; Et si vous ne vous estes muny d'vn Parasol, aussi large que le Bouclier d'Aiax, i'ay peur que vous aurez eu suiet de vous plaindre de la trop grande clarté du mois de Iuillet.

Vos Auræ, Aoniis placidæ de montis Auræ,
Æstum illi lenite, grauem lenite laborem.

On ne sçauroit faire vn vœu plus delicat pour vne Maistresse. Mais d'appeller le frais de si loin, & de le faire venir de Grece en France, ie ne sçay si cela se peut sans vn miracle du Dieu Apollon, qui ne m'exauce pas toutes les fois que ie luy adresse des vœux. Quoy qu'il en soit, aggréez la bonne intention de voſtre Amy, & ne trouuez pas mauuais que ie vous aye ſouhaité ſur la leuée de la riuiere de Loire, & dans les plaines de Beauſſe, la meſme douceur que ie reſpire icy le ſoir au bord de noſtre Canal. Ie dis le ſoir, car apres cela il n'y a plus de douceur pour moy. Ie couche toujours ſur des eſpines : Ie paſſe toujours de mauuaiſes nuits. Et neantmoins, puis-que i'ay commencé de rire, ie ſuis reſolu de continuër. Il vaut mieux vous faire part de mes conſolations, que de vous ennuyer de mes plaintes. * * * *. C'eſt moy en effet, qui reſveille toujours l'Aurore ; qui me trouue toujours auec les Heures, lors qu'elles ouurent la porte du Ciel ; qui cueille toujours cette premiere fleur du Iour, dont les Poëtes ont dit de si belles choses. Ie puis dire mesme historiquement, qu'encore ce matin i'ay veû changer en Porphire les rochers qui bornent la veuë de ma chambre, & que ie suis le perpetuël Tesmoin de l'action du Soleil,

Quand sa splendeur fait de tout l'air
Vn long & gracieux esclair.

✶ ✶ ✶ ✶. Les Mages de Perse & les Gymnosophistes des Indes n'en diroient pas dauantage. On parle ainsi magnifiquement de sa misere. Il faut flater des maux qu'on n'a sçeu guerir, afin de voir si la Charlatanerie reüssira mieux que la Medecine. Ne pouuant estre heureux par le Sommeil, ie tasche de prendre de mes veilles tout le plaisir qu'elles me peuuent donner.

Sic vigilo comes Astrorum, falloque dolores
Ipse meos, mihi sic noster dat ludere Phœbus.

Pour le moins, il me donne dequoy vous faire vne lettre sans matiere. Car si i'eusse voulu, ie pouuois finir par le commencement, comme ce grand Personnage commençoit autrefois par la fin. Ie pouuois vous dire d'abord, & ne rien oublier de ce que i'auois à vous dire, que ie suis,

MONSIEVR,

Voſtre, &c.

Le 30. Iuillet 1642.

A MONSIEVR
Girard, Secretaire de
feu Monseigneur le
Duc d'Espernon.

LETTRE III.

MONSIEVR,
Vous estes vn trompeur insigne, ou vn insigne trompeur. Ie dis l'vn & l'autre, pour contenter deux Grammairiens de mes Amis, qui ne sont pas d'accord sur la preseance de l'Adiectif. Mais pour vous traiter

en termes plus doux, ie dis que vous ne tenez pas tout ce que vous promettez, & que ie vous ay attendu à faux prés de quatre mois. Ie ne laisse pas pourtant de vous receuoir en vos iustifications, & de croire que c'est la seule necessité de vos affaires, qui vous a fait manquer de parole. Acheuez donc ces affaires à la bonne heure, & venez triompher à Balzac, des victoires que vous allez gagner à Paris. Il faut couper la gorge à tous les procés, & à tout ce qui resemble aux procés. Il en faut estouffer l'engeance dans le berçeau mesme ; Et pour moy, i'en suis si naturellement ennemy, que bien loin de pouuoir estre Solliciteur au Conseil, au Parlement, à la Chambre des Comptes, &c. ie ne sçaurois rien demander au Souuerain de tous ces Corps Souuerains, *Nec tanti sunt res humanæ, vt Balzacius* (pourquoy non aussi bien que Scaliger) *vel vlli Monarchæ supplex sit.* Ie m'asseure que vous ne sortirez pas mal edifié des conferences que vous aurez auec le Sage, dont ie vous donne la connoissance, & que vous m'auouërez que sa vertu, quoy que haute & souueraine, n'a rien d'estrange ni de Stoïque, *quod pace Zenonis, Chrisippi, Clean-*

tis, & nostri ✶ ✶ ✶ dictum sit. Is enim, si nescis, purum putum Stoïcismum, etiam cum ad Sylviam aut ad Phyllidem scribit, multa cum grauitate profitetur, &c. Ie suis,

MONSIEVR,

Voſtre, &c.

Le 12. May 1643.

A MONSIEVR
de Belleioye.

LETTRE IV.

MONSIEVR,
Ie n'eusse pas esté si paresseux, si ie vous eusse cru si diligent. Ie m'imaginois que n'estant iamais allé à Paris, il vous faudroit du temps, pour apprendre la Carte de ce petit Monde. Si bien qu'à mon conte, apres auoir employé vn mois à vous délasser de vostre voya-

ge, vous en deuiez mettre encore vn autre à trouuer le climat où habite Monsieur Chapelain. Ie viens de luy rendre le tesmoignage que ie vous auois promis, auec les termes les plus auantageux dont ie me suis pû auiser : Il vous le fera connoistre à la premiere conference que vous aurez ensemble, & vous iustifiera mon affection, en cas que vous l'ayez accusée. C'est vn personnage de haute vertu, qui est tout Intelligence & tout Raison, & de qui on peut dire, aussi bien que de cét autre, *qu'il trempe sa plume dans le sens*. Si vous estes homme à croire conseil, les siens sont plus asseurez que n'estoient les Oracles de la Pithie : Mais il faut s'approcher de luy auec docilité d'esprit: Il faut croire

Que n'en desplaise aux Grecs
& aux fameux Latins,
Souuent les plus grands Clercs
ne sont pas les plus fins.

Au lieu du Panegyrique que vous meditez, ie serois d'auis que vous entreprissiez quelque traduction d'vne piece Greque d'vn Autheur Chrestien. Il y en a d'excellentes, comme vous sçauez, de Saint Chrysostome, de Saint Gregoire de Nazianze, de Theodoret, &c. Vous pourriez choisir celles qui vous plairoient dauantage, & les faire parler bon François, à cette heure que vous-vous estes bien desgasconné. Vne Preface de vostre façon seroit beaucoup mieux que ces Paranymphes, ou ces Panegyriques que vous meditez ✶✶✶✶✶✶. La traduction estant acheuée, nous delibererons du suiet de la Preface, si vous reuenez icy cét Automne, où ie vous attens auec plus de questions que Tybere n'en faisoit à vn Grammairien venu de nouueau en son Isle de Caprée. Ie suis,

MONSIEVR,

Vostre, &c.

Le 4. Auril 1639.

A MONSIEVR de Zuylichem, Conseiller & Secretaire des Commandemens de Monseigneur le Prince d'O-range.

LETTRE V.

MONSIEVR,
I'ay reçeu vostre lettre, comme si elle m'estoit tombée du Ciel, & qu'elle m'en eust rap-

porté ma bonne fortune. Ie parle ainſi, à cauſe que ie penſois que vous ne vouluſſiez plus que ie fuſſe heureux, & parce que ie me défie toujours de la durée des biens de ce Monde. L'opiniaſtreté de voſtre ſilence me faiſoit craindre quelque choſe de pis que la diſcontinuation de noſtre commerce. Quand ie me voulois flater, ie m'imaginois que vous m'auiez oublié, ſans me haïr, & que voſtre amitié eſtoit morte de mort naturelle. I'ay crié, & ma voix n'a point eſté eſcoutée: I'ay eſcrit des lettres, & ie n'ay point eu de reſponſe: Car il eſt vray que ie vous pourrois rendre toutes les plaintes que vous me faites. Ie vous pourrois appeller cruel, ou pour le moins dédaigneux, si ie n'aymois mieux chercher vne cause estrangere de ce manquement, & m'en prendre aux Courriers, aux Saisons, à la Fortune, au Destin, & à tout autre plustost qu'à vous. A la fin i'ay sçeu qu'il y auoit vn paquet pour moy à Paris, & la bonne Madame *** m'a annoncé vne si bonne nouuelle. Mais croiriez vous bien, Monsieur, que ce paquet a vieilly au logis du Messager, & qu'apres estre arriué à Paris, il s'est fait attendre icy plus de quatre mois ? Il faut, sans doute, qu'il y ait vn Demon enuieux de mon bonheur, qui n'est occupé qu'à mettre des barrieres entre vous & moy, & qui guette sur les chemins tous les presens qui me viennent de Hollande. Il surprend quelquefois vos lettres; Il se contente quelquefois de les retarder, & ne pouuant me faire perdre vostre affection, il me trauerse tant qu'il peut, en la iouïssance de vos faueurs. Neantmoins, en despit du Demon, & de ses malices, voicy vos faueurs arriuées au port, apres six mois de voyage, & ie vous donne aduis que i'ay reçeu, auec vostre belle lettre le plan de voſtre belle Maiſon. Pour iuger du merite d'vn ouurage ſi acheué, il faudroit auoir les yeux plus ſçauans que ie ne les ay, & mieux purgez des vapeurs terreſtres, & de la barbarie de la Prouince. Il faudroit eſtre de Rome, & non pas de ce village, où la Nature a veritablement quelques graces & quelques attraits, mais où l'Art a eſté violé d'vn coſté & d'autre, & a reçeu vne infinité d'outrages par les Artiſans. Au lieu de vos Idées de perfection, & de vos Chef-d'œuures de l'eſprit & de la main, vous ne remarqueriez icy que des matieres confuſes; que des

Monstres & des Prodiges de pierre, qui vous feroient peine à les regarder. Il n'y a pas vne piece, qui soit en sa place; pas vn endroit, où il n'y ait vne incongruité en Architecture, & qui ne blesse la veuë de ceux qui voyent auec science. Tellement que si vous me faisiez le mesme honneur que vous voulez que ie reçoiue chez-vous, ie serois contraint, de peur de vous presenter des objets irreguliers, de vous faire dresser vne Tente sur le bord de ma Riuiere, apres auoir cherché quelque charme, pour vous rendre inuisible ma Maison. La peinture de la vostre ne me plaist pas moins que les deux descriptions que Pline le ieune nous a laissées des deux siennes. Vous en deuez estre extremement satisfait, & ie vous auoüe que vous n'en sçauriez parler trop auantageusement. Mais quand elle sera accompagnée de la Dissertation qu'en suite vous me faites esperer, alors certes, vous pourrez dire que vous auez basty pour l'Eternité, & chanter encore plus iustement que les Poëtes nos chers Amis,

Iamque opus exegi, quod nec Iouis ira nec ignes, &c.

I'ay grande impatience de voir ce second ouurage, ce pur ouurage de voſtre eſprit. Mais quand pourray-ie aller prendre poſſeſſion de l'appartement que vous m'offrez, auec des termes ſi obligeans, & vous aſſeurer non plus en figure, & ſur le papier, mais moy-meſ-me, & par la bouche du veri-table Balzac, que ie ſuis par-faitement,

MONSIEVR,

Le 25. Ianuier 1640.

Voſtre, &c.

A MON-

A MONSIEVR
de Campaignole, Lieutenant au Regiment des Gardes du Roy.

LETTRE VI.

MONSIEVR MON cher Neueu,

Pour le moins que ce ne soit pas vostre indisposition qui soit cause de vostre silence. Soyez paresseux, soyez la paresse mesme, plustost que d'auoir mal au bout du doigt. C'eſt vn homme intereſſé qui vous parle, & ie vous prie de vous bien porter pour l'amour de moy. Tout ce qui s'appelleroit mal en voſtre perſonne, ſe communiqueroit à la mienne ſi ſubitement, & me trauailleroit d'vne ſi eſtrange ſorte, que ie deuiendrois le ſiege de la douleur, & vous n'en ſeriez plus que le paſſage. Mais c'eſt trop ſe ſouuenir de la peur que vous me fiſtes l'année paſſée, & de vos accés de trente-cinq heures. Changeons de ſuiet, & ſi ma derniere lettre s'eſt perduë, celle-cy vous dira pour nouuelle, que ie ſuis extremement ſatisfait de voſtre negotiation. I'admire ce bon ſens de vingt & vn an, & cette adreſſe ſans experience: Elle meriteroit vn plus digne employ que celuy que ie luy ay donné, & vous-vous faites tort de vous appeller mon petit Agent, vous qui pouuez eſtre vn iour grand Ambaſſadeur, & porter des paroles de Roy à Roy. Il ne faudra pour cela que de la faueur, car à l'eſchole où vous eſtes, vous acquerrez bien toſt les vertus ciuiles, comme vous eſtes nay auec les militaires ✶ ✶ ✶. Nous rions enſemble, à noſtre ordinaire: Mais en riant on ne laiſſe pas de dire la verité, & gardez-vous bien de croire que ie vous eſtime moins Braue que cét autre Braue de voſtre nom, qui s'appelle dans l'Hiſtoire de Flandres, *Il Signor di Campagnola, Soldato di ſtima grande.* Ie ſuis auec amour & tendreſſe,

Voſtre, &c.

Le 10. Aouſt 1644.

MONSIEVR mon cher Neueu,

A MONSIEVR
Fauereau, Conseiller
du Roy en la Cour
des Aydes.

LETTRE VII.

MONSIEVR,
Receuez de moy les mesmes excuses que vous me faites, & ne iugez pas de mon affection par mes complimens. Ie suis quelquefois si paresseux à escrire, qu'vn voyage de cinquan-

te lieuës me cousteroit moins qu'vne lettre de vingt-cinq lignes, & tout foible & lasche que ie sois, i'aymerois mieux prendre la poste, pour aller trouuer mes Amis, que de mettre la main à la plume, pour leur mander de mes nouuelles. Ce n'est pas vne petite affaire, de parler & de n'auoir rien à dire; de manquer de choses, & de remplir de mots vne feüille de papier. En verité, ie suis honteux de retomber si souuent dans la repetition des mesmes termes, & d'estre toujours reduit à ★★★★. Vous sçaurez donc seulement que vous auez rendu Mademoiselle de Campaignole la plus superbe de toutes les Vierges. Mais certes son orgueil est raisonnable. Les marques qu'elle a reçeuës de vostre souuenir sont si belles, qu'il n'est point de Confesseur si seuere qui ne luy pardonne la vanité qu'elle en tire; Et moymesme i'y prens tant de part, qu'il semble qu'apres vne si glorieuse approbation, il y a bien plus d'honneur à estre son Oncle qu'auparauant ***. Ie suis toujours auec passion,

MONSIEVR,

Le 20. Iuillet 1638.
Vostre, &c.

Ii iiij

A MONSIEVR
Fauereau, Conseiller
du Roy en la Cour
des Aydes.

LETTRE VIII.

MONSIEVR,
Ie suis auiourd'huy Secretaire de cette Nouice de Trictrac, à qui vous donnastes des leçons l'année passée, & qui vous attend, à ce qu'elle dit, pour apprendre de vous la perfection

de l'art. Elle n'est pas si mal-faite qu'elle puisse faire des-honneur à son Maistre, & vous ne serez pas fasché de prendre quelque soin d'vne personne que les Dieux n'ont pas negli-gée. Ce sont vos Muses que ie sens venir, qui me font desia parler en Poëte: Et il me sou-uient que vous m'auez dit au-trefois de cette mesme person-ne, que vous auiez veu voler l'Amour autour d'elle, & faire grand bruit auec ses aisles. Le mot d'Amour seroit capable de l'effaroucher, mais il faudra luy expliquer sainement vostre vi-sion, & luy persuader que vous n'entendez pas parler de l'Amour folastre, fils de la terrestre Venus, mais de l'Amour sage, fils de Venus Vranie. Ie vais au delà de ma commission, & ne l'ay pas pourtant encore acheuée: Car i'ay charge tres-expresse de l'Escoliere qui veut receuoir vos instructions, de vous asseurer qu'elle vous honnore parfaitement. Pour moy, vous n'ignorez pas que ie ne sois plus qu'homme du monde,

MONSIEVR,

Vostre, &c.

Le 3. Septembre 1639.

A MONSIEVR de Lauaux Saint Iames, Recteur de l'Vniuersité de Poitiers.

LETTRE IX.

MONSIEVR,
Il y a long-temps que ie vous dois vn remerciement: Mais vous auez assez de charité pour ne pas exiger vos dettes à la rigueur, & pour plaindre vn Malade, au lieu de blaf-

mer vn Pareſſeux. I'attens quelquefois vne bonne heure ſix mois entiers ; & tous mes doctes Voiſins ont eu loiſir de lire vos beaux Eſcrits, auant que ç'ait eſté à moy à receuoir le meſme contentement. A la fin i'ay eu ma part de cette agreable lecture. Que voſtre ſtile eſt peint & fleury, & qu'il eſt tout enſemble fort & courageux! Vous m'auez perſuadé ſur le papier, comme vous euſſiez fait dans la Chaire. Vos Harangues tiedes & raſſiſes, échauffent encore apres la chaleur & les mouuemens de voſtre action. Il ſort du feu de toutes les lignes de ces Harangues ★ ★ ★

✱ ✱ ✱. Vous voyez par là que ie ne suis pas de ceux, qui trouuent que la Mariée est trop belle, & qui accusent les Gascons d'estre trop vaillans. En cela le trop me plaist bien dauantage que le trop peu. Ie sçay que la magnificence est plus voisine de la profusion que du bon mesnage, & que la magnanimité approche plus de l'audace que de son autre extremité. Et partant, quand vous passeriez les bornes communes, soit dans les ornemens de vos paroles, soit dans la hauteur de vos pensées, ma Morale concluroit toujours en faueur de vostre Rhethorique, que le Prodigue est meilleur que l'Auaricieux, & l'Excés plus louable que le Defaut. Il se peut faire que les enfans des Bembes & des Manuces ne demeureront pas d'accord de ce que ie dis. Ils diront peut-estre, que vous estes moins Latin que leurs Peres, & que vous ne suiuez pas le party de Ciceron : Mais n'y auoit-il point d'honnestes gens qui fussent de celuy de Marc-Antoine ? Mais n'y a-t-il qu'vn chemin pour aller à Rome ** ****? Pourueu que vous ne vous égariez point, ie ne vous conseille point de changer de route. Entre le bien & le bien, vsez de la liberté du choix.

Volez jufqu'au Ciel, puis-que vous auez d'affez bonnes aifles, & ne mettez point à la chaine vn fi noble Genie que le voftre. Il vaut mieux reffembler aux Anciens par le cœur & par l'efprit, que par la mine & par la façon des habillemens. Les Anciens mefmes ont dit que ce n'eft pas tant de la bouche, que de l'eftomac que procede le bien-dire. La douceur & la pureté meritent d'eftre loüées: Mais la force & la grandeur font au deffus de toute loüánge, & fi on voit couler les ruiffeaux auec plaifir, on regarde auec admiration les tempeftes de la Mer ✶ ✶ ✶ ✶.

Le Reuerend Pere Adam, en vous rendant cette lettre, vous rendra plus particulier tefmoignage de l'eftime que ie fais de voftre merite, & de la paffion auec laquelle ie veux eftre toute ma vie,

MONSIEVR,

Le 15. Mars 1646.

Voftre, &c.

A MON-

AV REVEREND
Pere, Pierre André, Predicateur de l'Ordre de Saint Dominique.

LETTRE X.

MON REVEREND PERE,

Ie ne suis pas vn assez digne suiet pour meriter que vous me preschiez : Et neantmoins, que ne dites-vous point de moy, dans les deux lettres que vous m'auez fait l'honneur de m'escrire ? Ie voy par là que vous ne sçauriez aller que par haut, & que vous abusez des belles paroles, quand vous ne vous en seruez pas legitimement. Remettez-les, ie vous prie, dans leur premier & leur legitime vsage ; N'employez vostre bien-dire qu'à nostre salut, & reuenez nous plaire en nous instruisant. Puis que ma Morale & ma Politique ne m'ont rendu ni plus homme de bien, ni plus heureux, i'attens de l'Euangile, & de vous, ce que Platon & Aristote n'ont pû me donner. Comme il y a *vne efficace d'erreur*, de laquelle parle l'Apostre, il y a *vne force de verité*, qui anime l'esprit des hommes Apostoliques, & se fait sentir en leurs discours. Cette sainte violence ne vous manque pas; Et ie me trompe, ou plus d'vne fois ie l'ay veû sortir de vostre bouche, auec des esclairs & du tonnerre, pour agir sur l'ame de vos Auditeurs. La mienne se veut rendre sans resister: Elle gaignera à se laisser vaincre: Mais outre l'interest, la bien-seance l'oblige à cela. Il faut que ie vous doiue la reformation de ma vie, afin que nostre amitié ne face point de des-honneur à vostre vertu, & que ie ne sois pas moins vne de vos creatures en noſtre Seigneur, que ie ſuis,

MON REVEREND PERE,

Voſtre, &c.

Le 18. Feurier 1646.

AV REVEREND Pere Hercule, Prouincial des Peres de la Doctrine Chrestienne.

LETTRE XI.

MON REVEREND PERE,

Vous m'auez descouuert vn Saint, dont ie vous promets de chaumer la Feste: Et dés à present ie vous declare que ie n'ay pas plus de deuotion pour nostre Sainte-Marte de Poitou, que pour voſtre Saint-Geniés de Prouence. Mais ſortons du langage figuré, de peur de tomber dans le Galimatias, qui luy eſt ſi proche: Diſons en langue vulgaire, en termes clairs & intelligibles, que l'Euterpe que vous m'auez enuoyée, eſt vne des belles choſes qui nous ſoit venuë du païs Latin il y a long temps. La plus-part des Modernes chantent, & ne diſent rien, & ceux qui diſent quelque choſe, par mal-heur ne ſçauent pas chanter. Voſtre Amy eſt Poëte de tous coſtez. Outre l'art & la diction, qui n'ont rien en luy de forcé ni d'eſtranger, il a de l'eſprit & du courage, qui manquent d'ordinainaire à la plus iuste versification, & à la plus pure Latinité. Ce ne sont point icy des bagatelles en musique; des paroles creuses & vuides de choses, comme les appelle son Horace. Il exprime heureusement ce qu'il pense, mais il ne pense rien que de bon. Il imite de telle sorte qu'il ne laisse pas d'estre luy-mesme Original. C'est vn des Enfans, & non pas vn des Singes de l'Antiquité : Et quand ie n'aurois veû de luy que les conditions du Traité qu'il a fait auec les Muses, ie conclurois qu'il faut necessairement qu'il ne soit pas moins galand homme, que grand Docteur, ni moins de la Cour d'Auguste que du Siecle de Virgile. Ie trouue cette Capitulation si iolie, qu'il me fasche de ne l'auoir pas faite. Il me semble qu'vn autre que moy n'en deuoit pas estre l'autheur, & ie vous auouë que cét endroit du Poëme m'auroit donné de l'enuie, si les Hendecasyllabes de la lettre ne m'auoient auparauant donné de l'amour. Il me fait trop d'honneur de ✶ ✶ ✶ ✶. Madame de Nesmond ma chere Cousine, est la confidente de mon cœur, & dans toutes les Relations qu'elle vous fera de moy, ie vous prie de la croire comme moy-mesme, qui suis plus qu'homme du monde,

MON REVEREND PERE,

Vostre, &c.

Le 14. Iuillet 1646.

A MONSEIGNEVR le Marquis de Montau-sier, Gouuerneur & Lieutenant General pour le Roy en Saintonge, Angoumois, &c.

LETTRE XII.

MONSEIGNEVR,

Si c'est estre ingrat que de ne pouuoir pas estre assez reconnoissant, i'ay suiet de me plaindre de voſtre generoſité, qui me iette dans cette ingratitude forcée, me reduiſant à cette neceſſaire impuiſſance. Pour la troiſieſme fois vos excés me font remarquer & ſentir ma pauureté. En me faiſant des faueurs, vous m'oſtez le moyen de vous en remercier, & les paroles dont vous ſçauez vous ſeruir, ſont ſi viues, ſi animées, ſi pleines de feu, que ie trouue les miennes toutes de glace en comparaiſon. Vous ne me laiſſez donc rien à vous dire. Pour mon honneur il faut que ie me retranche dans mes penſées; Et manquant de langage, qui me tienne lieu de quelque chose enuers vous, ie ne sçaurois plus que produire vn acte interieur, qui me iustifie enuers moy-mesme, & me console de ne pouuoir pas ce que ie voudrois. Mais que ne voudrois-ie point, Monseigneur, pour vostre seruice, & pour vostre gloire? & si vous auiez veû le fonds de mon ame, quels desirs, quels sentimens n'y verriez vous point? Iamais ame ne souhaita tant, ni n'estima tant. Et quand les Biens pleuueroient en vostre Maison, & les Couronnes sur vostre teste (cette pluye de Couronnes est vn souhait du Cardinal du Perron:)

Quand la Fortune vous feroit tous les iours des presens, & que la Renommée ne feroit autre chose que vous louër ; pour ne dire qu'vne partie de ce que ie pense, ie dis qu'elles rendroient iustice à vostre vertu. Vous auez desia beaucoup plus que tout cela, & celuy qui possede Iulie du gré & du consentement d'Artenice, ne doit considerer les grandeurs du Monde que comme accessoires de son bon-heur. Ie suis trop obligé à ces deux diuines personnes de la bonté qu'elles ont euë de m'honnorer de leur souuenir : Mais ie ne voy rien en moy qui soit digne de cét honneur, si ce n'est celuy que i'ay d'estre à vous ; Et ie vous supplie de croire que i'employe ce dernier mot dans toute la force de sa signification, personne ne pouuant estre plus absolument que ie suis,

MONSEIGNEVR,

Vostre, &c.

Le 15. Feurier 1645.

A MONSIEVR
du Burg, Aduocat au Parlement.

LETTRE XIII.

Monsievr,

Que sert-il de perdre de la peine & des couleurs, pour tromper vn homme qui se connoist? La perfection de vostre art ne corrige point les défauts de ma personne, & vous pouuez me déguiser, mais vous ne pouuez pas me refaire. Ie vaudrois in-

finiment plus que ie ne vaux, si ie reſſemblois à l'original que vous auez peint: Que ne ſerois-ie, ſi i'eſtois celuy de qui parle voſtre lettre? Mais en voulant faire de moy vn Heros, vous auez fait de voſtre lettre vn Roman. Ie me trouue moy-meſme fabuleux, dans les belles choſes que vous en dites. Ie ne ſuis que la matiere informe d'vn ouurage dont toute la beauté vient de vous, & apres l'auoir conſideré auec plaiſir, ie ne me ſçaurois regarder ſans mal de cœur. Les actions dont vous me louëz, me reprochent que iuſqu'icy ie me ſuis amuſé apres des paroles. Vous me faites ſouuenir

uenir auec remors des vaines occupations de ma vie paſſée: Ou peut-eſtre, vous m'aduertiſſez finement qu'il eſt temps de penſer à quelque choſe de meilleur & de plus ſolide. La qualité de Sage, que vous me donnez de courtoiſie, eſt vn ſouhait que ſans doute, vous faites pour moy, mais que vous auez voulu conceuoir d'vne façon noble & obligeante. Il faut que ie trauaille à acquerir le bien qui me manque, & à faire reüſſir voſtre ſouhait, pour me rendre digne de vos louänges, & du teſmoignage de noſtre Amy. Ce teſmoignage vous deuoit pourtant eſtre ſuſpect: Ie
Ll

suis son erreur & sa maladie; Et quoy qu'il soit Caton dans toutes les autres causes, il est dans la mienne le plus passionné & le plus corrompu de tous les Iuges. N'attendez donc point de verité de luy, lors qu'il sera sur le Chapitre de ma vertu. Croyez-le seulement, quand il vous asseurera de la haute estime que ie fais de vostre merite, & de la serieuse profession que ie veux faire, d'estre autant qu'homme du monde,

MONSIEVR,

Vostre, &c.

Du 3. Feurier 1641.

A MONSIEVR
Conrart, Conseiller & Secretaire du Roy.

LETTRE XIV.

MONSIEVR,

Vous m'auez escrit vne lettre parfaitement eloquente, & dont l'eloquence m'esleue iusques au Ciel. Pour le moins elle me met bien-haut au dessus de ma condition, & i'eusse appellé autrefois vostre papier le Theatre de ma gloire: Le mal est que tout cela n'est que repreſentation & qu'image. Apres auoir leu vos paroles, & mon perſonnage eſtant ioüé, ie ceſſe d'eſtre Achille ou Agamemnon. Cette grandeur empruntée me quitte, & ma premiere pauureté me demeure: Ie viens de me voir chez autruy vn des plus parfaits de tous les hommes, & ie me trouue en moy-meſme vne des plus infirmes de toutes les creatures. A la bonne heure ſi vous m'en aymez dauantage, pour m'auoir fait de voſtre façon, & ſi ie vous plais auec les ornemens que vous me donnez. Ie vous puis bien proteſter que vous estes vn de ceux, à qui ie defire le plus de plaire, & de l'eſtime duquel ie fais plus d'eſtat. Il eſt vray que pour la confolation de ma trifte vie, voſtre eſtime n'eſt rien à l'égal de voſtre amitié. Il y a long temps que ie ne fuis fenfible que par cét endroit, & ie ne lis plus mes louänges, ou ie les lis en fongeant ailleurs. Vn mot amoureux de voſtre part me fait plus de bien que tout cét amas de fuperlatifs & de grands mots, dont les beaux efprits font fi prodigues; que de pleins parterres de ces fleurs, dont la fauſſe Rhetorique couronne la mauuaife ambition. J'appelle ainfi les lieux communs des Declamateurs que nous connoiſſons; qui adorent, qui conſacrent, qui deïfient tout, & auſſi bien la citroüille de l'Empereur Claude, que la teſte de l'Empereur Auguſte. Le reſte à vne autre fois. Ie ſuis paſſionnément,

MONSIEVR,

Voſtre, &c.

Le 24. Feurier 1645.

A MONSIEVR
L'Huillier, Conseiller du Roy en ses Conseils, &c.

LETTRE XV.

MONSIEVR,

Ie vous auertis que vous estes vn grand faiseur de querelle, & que vous auez bien excité du trouble & de la ialousie parmy mes papiers. Le Discours du Caractere de la Comedie ne peut souffrir que vous l'ayez oublié, pour vous souuenir de celuy de la grande Eloquence. Le Romain est offensé, de ce que vous fauorisez le Holandois à son preiudice. Mecenas, la Gloire, l'Antiquité de la Religion, tous les autres se plaignent de la preference adiugée à quelques-vns. En vn mot, n'y en ayant point qui ne croye valoir autant que son compagnon, il n'y en a point qui ne prenne à iniure le choix que vous auez fait. Ie ne sçay pas de quelle sorte on pourra accommoder cette affaire. Il est bien difficile d'appaiser vn peuple seditieux, comme celuy-là,

qui a dans la teste tout l'orgueil
& toute l'ambition de la vieille Rome. Peut-estre que Monsieur Chapelain seroit vn in-
strument propre, pour mesnager vn Traité si delicat, car pour
moy ie ne veux point m'en mesler. Ie suis encore plus partial
de vos sentimens que ie ne suis
passionné pour le Romain, ni
pour Mecenas; & ie seray toute ma vie de vostre costé, enuers tous & contre tous, voire
mesme contre mes propres enfans, estans sans reserue,

MONSIEVR,

Vostre, &c.

Le 30. Nouembre 1644.

A MONSIEVR
le Comte de Ionsac,
Lieutenant de Roy,
en Saintonge &
Angoumois.

LETTRE XVI.

Monsievr,
Ie voudrois bien que nos raisins fussent dignes de leur bonne reputation, & des belles paroles de vostre lettre. Il est vray qu'ils sont originaires de Lan-

guedoc, & que le Languedoc est l'Italie de la France : Mais que sçay-ie si le Ciel de Balzac n'en a point alteré la naturelle bonté, ou si mon nom ne leur a point porté mal-heur. Quoy qu'il en soit, Monsieur, vous auez toute sorte de pouuoir en ce petit lieu ; & i'ay charge du Maistre du logis, de qui ie ne suis que l'hoste, de vous dire qu'il attend auec impatience le mois de Mars, pour satisfaire à vostre desir. Il ne pretend de retenir de son Plan que ce qu'il vous plaira de luy en laisser ; bien qu'il l'estime incomparablement plus qu'il ne faisoit, depuis la pensée que vous auez euë à son auantage, en presence de celuy de Coignac, qui est vniuersellement estimé. Pour moy, Monsieur, ie me sens si obligé à vos eloquentes ciuilitez, qu'il n'y a point de Falerne ni de Formian dans les Liures (ce sont les seuls lieux où ie pense posseder quelque chose) que ie ne voulusse porter moy-mesme dans vostre Parc, s'il y auoit moyen de vous en faire vn present. Mais ce ne peut estre qu'vn souhait, encore vn souhait Poëtique: Et c'est bien le moins que ie puisse vous offrir de la part des Muses, apres l'honneur que vous leur auez fait en ma personne. Ie receuray toujours vos faueurs auec la reconnoiſſance qu'elles meritent, & feray toute ma vie auec le reſpect que ie vous dois,

MONSIEVR,

Voſtre, &c.

Le 22. Ianuier 1645.

A MONSIEVR Perrot-d'Ablancourt.

LETTRE XVII.

MONSIEVR,
La nouuelle que vous me mandez ne m'a pas beaucoup surpris. Ie sçay que vostre Rapporteur est ennemy de l'Heresie, mais aussi ie sçay qu'il ayme la Vertu, en quelque lieu qu'elle se trouue, fust-ce chez Luther ou chez Caluin. Vostre nom ne fait point de peur aux

petits enfans, comme font ceux-là : Il n'est point de ces noms odieux à l'Eglise Catholique ; Et d'ailleurs, ie ne croy pas qu'il y ait de si ferme Catholicité, qui ne se laissast amollir à vn si honneste Huguenot que vous. Le Pape mesme, s'il vous auoit escouté, auroit bien de la peine à vous faire perdre vostre procés. Pour le moins, il vous accorderoit vn *Interim.* Il se retiendroit quelque temps le bras, & ne se seruiroit de l'Anatheme qu'à l'extremité. Que si vous estiez si attaché à vos opinions, que de ne vouloir pas vser de ses graces, & s'il ne pouuoit pas s'empescher de vous comprendre dans la Bulle *in Cœna Domini*, lançant sa foudre sur vostre teste, ie m'imagine que ce ne seroit pas de toute sa force.

Mollius, & dubiâ iaculari fulmina dextrâ
Tarpeia de rupe Iouem, te propter, &c.

Comme vostre Rapporteur vous a fait iustice, vous la faites au Iesuite mon amy. Ses Vers sont dignes de vos Eloges, & à mon aduis il en eust merité de Buchanan, & peut-estre de Virgile,

Laudatusque foret Roma, vel iudice Tarpa,
Vitalis meus, & nostro censente

sente Marone.

Mais il faut que vous sçachiez que ce Poëte si fleury & si esleué est le plus vieux Poëte de France. Soixante-quinze hiuers, qui ont neigé sur sa teste, n'ont pû encore esteindre son feu. Ils ne l'ont pû mesmes diminuër, comme vous verrez par le Recueil de ses autres Vers que ie vous enuoye. Apres que vous en aurez fait comparaison auec ceux-cy, vous m'en ferez sçauoir vostre sentiment. Ie suis iusques aux Autels,

MONSIEVR,

Le 26. Iuin 1649.

Vostre, &c.

Mm

AV REVEREND Pere Hercule, Prouincial des Peres de la Doctrine Chrestienne.

LETTRE XVIII.

MON REVEREND PERE,

Si ie suis estimé à Rome, c'est parce que vous y estes escouté, & si le Pere Strada m'ayme, c'est que vous luy auez donné vostre passion. Ie veux croire aussi que vous n'auez pas oublié à l'asseurer de la mienne, & à me rendre auprés de luy les bons offices que i'ay droit d'attendre de voſtre bonté. Sans doute vous luy auez fait valoir le zele d'vn Vltramontain, amoureux de ſa vertu, preſque idolatre de celle de ſes anceſtres, *qui & pridem comiter obſeruat maieſtatem Populi Romani, & in Prouinciâ Galliâ, Romana quandoque verba non infeliciter conatur.* Vous ne ſçauriez croire l'auantage que ie tire de l'amitié d'vne ſi excellente perſonne, & le deſir que i'aurois d'eſtre vn de ſes familiers, auſſi bien que vous. A cette heure qu'il n'y a plus de Cardinal Bentiuoglio en Italie, & par consequent que mon affection y est libre, elle va tout droit & toute entiere à ce grand Iesuite; Et vous me ferez plaisir de luy faire ce compliment de ma part, en la langue vulgaire des Muses de son païs;

Non per veder il successor di Piero
Regger col cenno il Mondo in Vaticano,
Ne le reliquie del superbo impero,
Verrei veloce al dolce aër Romano:
Ma sol per honorar voi spirto altero,

D'ogni baſſo penſier ſchiuo,
e lontano.

Puis-que vous luy voulez monſtrer de mes Vers, ie vous en enuoye qui parlent de Rome, & de luy, *atque vtinam ex vtriuſque dignitate* ✶✶✶✶✶. Vous ſçauez bien que vous m'auez promis quelque choſe ✶✶✶. C'eſt vne choſe que i'eſtime plus que toutes les Seigneuries Reuerendiſſimes & Illuſtriſſimes ; que tout le verd & tout le violet, i'ay preſque dit que tout le rouge du lieu où vous eſtes. Que ie voudrois eſtre bon, & que i'ay beſoin de vous pour cela! Souuenez-vous donc de l'ouurage que vous auez entrepris, & commencez par vne Messe que ie vous demande à Sainte Marie Maior; *In illo loco quem Deus optimus Maximus tam manifestus ac præsens quam Cœlum ac sydera insedit.* Que diront les Esprits forts de cette demande, & les beaux Esprits, de ce jargon ? Les vns diront que i'ay l'ame & les sentimens d'vne Vieille; les autres, que i'ay l'esprit & le stile de Mamurra: Ceux-là me reprocheront mon infirmité, & ceux-cy ma barbarie. Ils m'appelleront de quel nom il leur plaira, & croiront de moy ce qu'ils voudront: Mais il me suffit que vous sçachiez que ie feray gloire d'eſtre voſtre Penitent & voſtre Deuot, comme ie ſuis de toute mon ame,

MON REVEREND PERE,

Voſtre, &c.

Le 3. Iuillet 1645.

A MONSIEVR Ménage.

LETTRE XIX.

MONSIEVR,

I'escris à nostre Amy ce qu'il me semble de vos beaux Vers, & vous dis à vous, que ie les ay appris, & que ie les chante. Vostre *Gondiades* ne s'appelle plus en mon Village, que

Francigenûm sublime decus,
spes magna Senatus
Purpurei

Mais quand verrons-nous l'accompliſſement de cette eſperance, afin que le ſacré Senat ſoit bien entier, & qu'il ne manque plus d'vne de ſes plus nobles parties ? Il y a prés de trente ans que le Cardinal du Perron eſt mort : Il me ſemble qu'il ſeroit temps de remplir ſa place, qui eſt encore vacante depuis tant & tant de Promotions. Il n'en faut pas dire dauantage à vn ſi bon entendeur que vous. Venons à l'homme que vous auez celebré dans vos Hendecaſillabes, & que i'ayme & honnore de tout mon cœur. Maintenant qu'il eſt au centre de la deſbauche, ou, pour parler plus honneſtement, au païs de la bonne compagnie, obligez-le par vos remonſtrances à ſe défendre quelque-fois de la Tentation; principalement ſur l'heure fatale du ſouper.

*Nec iuuenes imitetur, eum nec
  Gallicus ardor
In medias cœnarum acies, in
  Bacchica ducat
Prælia, longauo nimium me-
  tuenda Poëtæ.*

Faites-le ſouuenir que noſtre Platon met au nombre des Prodiges, la bonne chere deux fois par iour, & que contre les Biſques, les Ragouſts *cæteraque id genus ingenioſæ gulæ irritamen-*

ta non satis cauta mortalitas est. Ie me donne cét aduis, aussi bien qu'à luy; Et quoy que ie ne sois pas à Paris, nous-nous trouuons souuent icy en des occasions assez perilleuses. Ce sont des occasions (apprenez cecy de moy, vous qui sçauez tout) dans lesquelles vn Connestable & vn Mareschal de France ont finy leurs iours: *Illos siquidem vt Medici sanctissimè asseuerarunt, gula occidit non gladius*. Voila vn estrange jargon, & vne bigarrure, qui feroit peur à nos Confreres de l'Academie. Ciceron pourtant s'est seruy de ce jargon, & s'est ainsi bigarré, traitant auec *Mes-*

ser *Pomponio Attico*, qui n'e-
stoit pas, comme vous sçauez,
le moins honneste-homme de
ce temps-là. Ie vous donne le
bon soir, & dors en acheuant
cette ligne.

Vostre, &c.

Le 4. Septembre 1646.

A MONSIEVR
L'Abbé Talon.

LETTRE XX.

MONSIEVR,
Vous ne m'ordonnez rien de dur, & ne m'imposez rien qui me pese, me demandant de nouuelles marques de mon amour pour vne memoire qui m'est tres-chere. Il me sera aisé de vous obeïr, puis-que ce sera suiure mon inclination, & me laisser aller à la pente de

mon esprit. Il trouue tant de douceur à se souuenir de nostre bon Cardinal, que ie puis dire qu'il se repose dans cette matiere, luy qui se lasse par tout ailleurs. Le genre demonstratif l'auoit presque mis aux abbois, mais vous venez de luy rendre sa premiere force. Entendons-nous pourtant, s'il vous plaist, car si vous desiriez des Vers de moy, ie ne sçay si ie pourrois contenter vostre desir. Ie n'ay qu'vn petit filet de veine Poëtique : Ce filet coule foiblement & goutte à goutte ; Il ne sçauroit fournir qu'vn Quatrain en quatre iours ; Vne Epigramme le met à sec. C'est

Monsieur l'Euesque de Grasse,
Monsieur Guyet, & Monsieur
Voiture, qui sont capables des
hautes & longues inspirations,
des vrais & des iustes Poëmes.
Ce sont eux à qui il faut demander des Epicedes, des Hymnes & des Apotheoses ; Et ie
m'asseure qu'ils n'ont gardé le
silence iusques à present, que
pour parler auec plus de prepa-
ration. Ma gloire sera de leur
auoir ouuert la carriere, & d'a-
uoir promis de si grands Maistres au Peuple qui les attend.
Mais mon contentement est
desia de m'estre acquitté de
mon deuoir, & par mesme moyen d'auoir donné satisfaction

à vne personne que i'estime parfaitement. Il n'est pas besoin de vous expliquer cette personne, & vous ne doutez point que ie ne sois de toute mon ame,

MONSIEVR,

Vostre, &c.

Le 25. Septembre 1644.

A MON-

A MONSIEVR
de Montreuil, Capitaine au Regiment de la Meilleraye.

LETTRE XXI.

MONSIEVR,
La Relation que vous m'auez faite des premiers succés de vostre Armée, & la Sauue-garde que vous auez obtenuë de Monsieur le Grand Maistre, pour la Maison de ma Sœur,

sont des marques de souuenir, qui ont quelque chose de plus essenciel que les ciuilitez ordinaires. Ie sçauois assez que vous estiez tres-honneste & tres-obligeant; Mais que vous fussiez si exact & si ponctuël, c'est à vous dire le vray, ce que ie n'eusse pas attendu d'vn Amy de vingt & deux ans, qui trouuant par tout de legitimes sujets de distraction, fait beaucoup plus qu'il ne doit, quand il est bon Solliciteur. Ma Sœur se sent extrémement obligée à vostre bonté, & m'a prié de vous en tesmoigner sa reconnoissance, à laquelle i'aiousteray, s'il vous plaist, la mienne.

Et vous diray de plus, que vous eſtimant au point que ie fais, i'ay eſté bien aiſe de me confirmer en mon opinion par voſtre lettre, & d'y voir auec quelle intelligence vous ſçauez parler des affaires de la guerre. Ie vous la ſouhaite, Monſieur, auſſi heureuſe en voſtre particulier, qu'il y a apparance qu'elle ſera glorieuſe à Monſieur voſtre General, ſi la Fortune ne luy fait point de ſupercherie, & ne finit mal des choſes qu'il a ſi bien commencées. Vous aurez part, ie m'aſſeure, à ces grandes choſes, & il y aura auſſi de la gloire à gagner pour vous : Mais s'il eſt poſſible, ie vous prie que cette gloire soit nette & pure de vostre sang, & rapportez vos lauriers au quartier d'hyuer. Vous meritez de viure vne belle vie, & de paroistre dans les Festes, apres vous estre fait voir si souuent dans les Combats. I'en dis autant à nostre tres-cher Monsieur de la Guette, & suis de tous deux passionnément,

Tres-humble, &c.

Le 3. Aoust 1639.

A MONSEIGNEVR
l'Archeuesque de
Tholose.

LETTRE XXII.

MONSEIGNEVR,

La lettre que vous m'auez fait l'honneur de m'escrire, me renouuelle ma douleur, & m'apporte tout ensemble du soulagement. Ie ne puis lire le nom de l'Amy que nous auons perdu, qu'il ne me semble en quelque sorte de le reperdre : Mais de l'autre costé voyant que Dieu vous conserue pour la consolation de nos pertes, & pour la gloire de nostre Siecle, ie ne puis receuoir vne si bonne nouuelle auec vn mauuais visage, & cette seule pensée adoucit toutes les amertumes de mon esprit. Ce ne m'est pas vne petite satisfaction de sçauoir que vostre retour a eu ie ne sçay quoy du triomphe, & que vous exercez les fonctions de vostre charge, parmy les acclamations de vostre Peuple. La passion que i'ay pour vous, me donne droit sur tous ces heureux succés, & fait que ie les considere d'abord comme miens, & ne les estime vostres qu'en second lieu. I'eusse bien voulu en pouuoir estre tesmoin, & vous aller reuerer dans vne Chaire, que vous rendez plus illustre que les Throsnes, y publiant les Secrets du Fils de Dieu, qui sont bien-meilleurs & plus salutaires que des Edits. Mais ie ne suis pas assez heureux pour cela ; & vous serez, ie m'asseure, si equitable en la poursuite de vos droits, & si indulgent à ma foiblesse, que vous voudrez me changer vn vœu que ie ne puis accomplir. Pour le voyage de Tholose, que ie vous auois promis, vous-vous contenterez, s'il vous plaist, de celuy de Saint Amant, que ie feray dés le lendemain que vous y serez ✶ ✶ ✶ ✶. J'attens impatiemment ce temps-là, & vous prepare à mon ordinaire, force questions à decider, & force difficultez à resoudre. Cependant, puis que vous desirez sçauoir le succés de l'entreprise du bon Monsieur de Lisieux, (qui auoit resolu de me faire grand Seigneur) ie vous diray qu'en mon particulier i'en demeure extrémement satisfait. A la verité, il ne m'apporta pas ce qu'il croyoit m'estre allé querir ; Mais Monfeigneur ✶ ✶ ✶ m'enuoya par luy vn si honneste & si agreable refus, que ie l'estime beaucoup plus que ce qu'on luy demandoit pour moy. Il m'eust donné sans doute, la chose, s'il n'eust eu dessein de m'obliger dauantage, en ne me la donnant pas. La façon auec laquelle il s'est défendu d'estre liberal, a esté si magnifique, & il a pris soin d'enrichir cette façon de tant de belles paroles & tant de bonnes esperances, que ie la dois conter pour vne des grandes faueurs que ie pouuois receuoir de sa bonté. Celuy qui nous peut perdre par vn seul mot, nous oblige infiniment, quand il employe deux douzaines de lignes à nous tromper ✶ ✶ ✶. Ie suis,

MONSEIGNEVR,

Le 25. May 1636.
Vostre, &c.

A MONSIEVR
le Marquis de la Case.

LETTRE XXIII.

MONSIEVR,
Mes maux m'ayant forcé de faire diuorce auec mes Muses, & de renoncer trois mois durant à toutes sortes d'Imprimez & de Manuscrits, mon silence a vne excuse beaucoup plus legitime que ie ne voudrois, & ie ne croy pas qu'au lieu de vous plaindre de ma paresse,

vous n'ayez pitié de ma mauuaise fortune. C'est estre en effet bien mal-heureux d'auoir eu si long temps vn thresor entre les mains, & de n'auoir osé y toucher; d'auoir esté en possession d'vne des belles choses du monde, sans en auoir eu la iouïssance. Cette belle chose, Monsieur, c'est la belle Genealogie, dont il vous a pleû me faire part : Et si ie vous dis qu'elle m'a esbloüy de sa multitude de Noms illustres, & que cét amas d'Estoilles qui fait dans le Ciel la Voye de lait, ne iette point tant de clarté, ni ne loge tant de Demy-dieux, ie vous parleray peut-estre en Poëte, mais ie ne laisseray pas de vous dire la verité. Vous auez ce que les Rois ne sçauroient donner à leurs Fauoris; ce qui a manqué au gendre d'Auguste, au braue & magnanime Agrippa: Et qui ne sçait que son obscure naissance & ses taches domestiques ne purent estre effacées par plusieurs Consulats, & par la Generalité des Armées Romaines? Il y eut toujours quelque Esprit hardy, qui luy reprocha la nouueauté de sa grandeur, & le defaut du bien dont vous estes riche. S'il y auoit moyen de trafiquer de ce Bien si recherché, vous en auriez de reste, apres en auoir accommodé quantité de grands Capitaines qui en ont besoin. Iean de Wert seroit vn de vos Marchans. Le General Bek vous bailleroit vne partie de ce qu'il a volé à la guerre, pour trois ou quatre de vos Noms illustres. Il y auroit presse à la porte de vostre Cabinet, & semblables enfans de la Terre & de la Nuit, y viendroient chercher des parens & de la lumiere. L'importance est que le Present ne fait point de tort à la gloire du Passé, & que vostre vertu est digne de son principe. Dans vne apresdisnée de conuersation que i'ay eu l'honneur de passer auec vous, vous m'auez fait voir vne si pure & si naturelle generosité, que si vos Demy-dieux ressuscitoient, ie ne doute point qu'ils ne vous reconnussent à cette marque, & que d'abord ils ne dissent, C'EST NOSTRE VRAY SANG. Pour les qualitez de l'esprit, ou ie ne me connois point en esprit, ou le vostre est des mieux esclairez & des plus delicats dans le choix des choses. I'en ay admiré les rares productions: Et quand ie ne pourrois alleguer de vous que vostre Grotte mysterieuse, vous seriez, Monsieur, vn de mes meilleurs Autheurs, & que i'alleguerois le plus volontiers. Est-il vray que parmy vne infinité d'oyseaux rauiſſans, qui deſcouurent les Maiſons, qui ſuccent le ſang des Hommes, qui deſolent les Villes & la Campagne, vous en auez fait peindre vn incomparablement plus grand que les autres, qui déchire le Globe du Monde auec ſes griffes, & met en pieces ce que Dieu auoit ſi bien diſpoſé? Mais eſt-il poſſible que ce Caprice ſoit originaire de Saintonge? Ne vient-il point ou de Rome, ou de Florence, ou pour le moins de Paris? Si la gloire de l'inuention vous eſt deuë, ie vous felicite d'vne fable ſi bien inuentée; quoy que i'aye du regret de ne l'auoir l'auoir sçeuë, & de n'auoir reçeu aussi vostre Genealogie, au temps que ie sçauois faire de belles lettres. Ie ne me fusse pas contenté du peu d'ornement de celle-cy, ni de la simple protestation que ie vous fais, ne pouuant l'embellir de mes anciennes couleurs, d'estre de toute mon ame,

MONSIEVR,

Le 7. Feurier 1646.
Vostre, &c.

Oo

A MONSIEVR
d'Argenson, Conseiller
du Roy en ses Conseils,
Intendant de la Iustice,
Police & Finances en
Poitou, Saintonge,&c.

LETTRE XXIV.

Monsievr,
Ie viens de receuoir la lettre que vous m'auez fait l'honneur de m'escrire. C'est proprement vn Commentaire sur mon Dis-

cours de la Gloire ; mais vn Commentaire qui corrige & reforme le Texte ; qui inſtruit & catechiſe l'Autheur. I'entre tout à fait dans vos ſentimens, & vous m'auez pleinement perſuadé. De telle ſorte que ſi ie me ſentois auſſi capable de l'employ que vous me deſtinez, que ie le reconnois meilleur que celuy qui m'a occupé iuſques à preſent, vous auriez bien-toſt de ma façon vn Traité de l'Humilité Chreſtienne, pour vous faire perdre le mauuais gouſt que vous a laiſſé celuy de la Gloire du Monde. Ie le fis autre-fois par vne occaſion qui m'y obligea ; &

mon deſſein fut pluſtoſt de condamner l'Auarice, que de plaider pour la Vanité. Mais il faut, Monſieur, vous faire voir que les Autheurs Seculiers ne ſont pas toujours Autheurs Profanes, & que nous-nous approchons quelque-fois des matieres ſaintes. Voicy quelque choſe de Rome Apoſtolique & Deuote, afin que vous ne penſiez pas que ie ſois inſeparablement attaché à Rome Conſulaire & Triomphante. L'ouurage eſt Chreſtien, & compoſé en la langue de l'Egliſe ; Et Monſieur le Cardinal Bentiuoglio l'a approuué * * * * * *. N'attendez rien pourtant, s'il vous plaift, de regulier, ni de dogmatique. Ie n'ay point argumenté en forme: Ie n'ay point coupé ma matiere par diuifions & par fubdiuifions. I'ay choifi le ftile des anciens Prophetes, pluftoft que celuy des Docteurs modernes, & fi ie ne fuis Theologien comme Becan, ie voudrois bien l'eftre comme Orphée, fi c'eft trop de dire comme Dauid. Ie fçauray voftre opinion de ma Theologie & de mes Vers, quand i'auray l'honneur de vous voir. Ce ne peut eftre fi toft que ie le defire, ayant impatience d'eftre aupres de vous, & de vous protefter de viue voix que personne n'eft plus veritablement que moy,

MONSIEVR,

Voftre, &c.

Du 8. Octobre 1645.

A MONSIEVR
Esprit.

LETTRE XXV.

MONSIEVR,
Il a passé icy vne Nymphe, qui a la Narratiue admirable. Elle m'a instruit d'vne infinité de choses que i'ignorois : Et quoy qu'elle n'ait pas tant de bouches que cette autre Nymphe menteuse, qui preside aux Panegyriques & aux Oraisons funebres, elle en a vne extré-

mement eloquente, & qui ne gaste point les beaux sujets, comme elle n'embellit que les veritables. Ie voy bien que i'exerce vostre patience, & vous attendez le nom de la Nymphe. Pour ne vous pas faire languir dauantage, on l'appelle en la langue des hommes, Mademoiselle de Neufuic. Mais il importe que vous sçachiez qu'elle est vostre deuote, elle qui est adorée de moy & des autres. Ie vous donne aduis qu'elle vous chante, en quelque lieu qu'elle trouue, ou des Auditeurs, ou des Echos. Elle a semé de vos louänges nos Collines, nos Plaines, & nos Valons ✶✶✶✶. Entre autres choses elle dit que vous pratiquez mieux les deuoirs de l'Amitié, que les illustres Amis, alleguez dans le Toxaris de Lucien. Elle vous donne quantité d'Eloges de cette nature : Mais à vous dire le vray, ce dernier m'a touché le plus au cœur : Il est cause de la lettre que ie vous escris, auec aussi peu de ceremonie, que si depuis six ans que ie suis muët, ie vous auois escrit par tous les Courriers. Ce n'est pas tout neantmoins ; Ie fais bien plus que de vous faire vne lettre ; Ie vous mets vn procés & vn Solliciteur entre les mains, Ie vous demande vostre credit

& vos soins, pour luy faire obtenir ce qu'il desire, & vous supplie de m'obliger efficacement en sa personne, auprés de nostre commun Seigneur ***. Ie me promets ce bon office de vostre amitié, & demeure auec passion,

MONSIEVR,

Vostre, &c.

Le 15. Octobre 1643.

A MONSIEVR
de la Chetardie.

LETTRE XXVI.

MONSIEVR MON COVSIN,

Ie me fauue tant que ie puis de la perfecution des Complimens. Pour cela i'ay cherché vn Defert, qui fuft plus efcarté & moins connu que le mien, & i'habite à prefent vne Ifle enchantée, où peu d'hoftes font reçeus, & toutes fortes de lettres ne font pas leuës. Les voſtres meritent d'eſtre priuilegiées : Il ne m'en vient point, qui ne m'apporte quelque nouuelle agreable ; qui ne ſoit accompagnée de quelque excellente rareté ; qui ne me preſente, tantoſt des biens temporels, tantoſt des richeſſes ſpirituelles, & quelquefois l'vn & l'autre enſemble. Les dernieres m'ont regalé auec cette double magnificence, & bien loin d'auoir troublé mon repos, ie vous puis aſſeurer qu'elles font partie de mes plaiſirs. Qui ſeroit l'ennemy de ſoy-meſme, & le venu ſur la Terre en dépit du Ciel, qui ſe vouluſt plaindre de ſon bon-heur, ie veux dire des bien-faits de Madame de la Chetardie, & des faueurs de Monsieur le Comte de Cremail? Qui seroit le Malade, car c'est trop peu de l'appeller Delicat, qui pust gouster ces viandes exquises, sans faire des exclamations en les goustant; sans leuer les yeux en-haut? sans s'écrier, apres en auoir fait le premier essay,

Que la douceur qui tout excede,
N'est point ce que sert Ganimede
A la table de Iupiter.

Mais Madame ma Cousine se passera bien pour quelque temps du remerciement qui luy est deû : Il faut que toute ma gratitude presente, & que toutes mes paroles d'auiourd'huy soient pour Monsieur nostre Comte ; & vous ne trouuerez pas mauuais que i'aille acheuer les Escritures que i'ay commencées, afin de le satisfaire sur ses questions. Ie vous demande la continuation de vos bons offices, auprés de ce Cheualier sans reproche, & vous supplie de croire que ie suis toujours passionnément,

MONSIEVR MON COVSIN,

Vostre, &c.

Le 6. Mars 1645.

A MONSEIGNEVR
le Marquis de Montau-
sier, Gouuerneur &
Lieutenant General
pour le Roy en
Saintonge, An-
goumois, &c.

LETTRE XXVII.

MONSEIGNEVR,

Hannibal se moqua d'vn Docteur, qui voulut parler de la

guerre deuant luy. Cette auenture m'a fait peine dans le dessein que i'ay eu de vous escrire, en faueur de Monsieur des Ardilliers. Et veritablement, ie ne sçay pas ce que vous diriez de moy, ni pour qui ie passerois auprés de vous, si ie me hazardois de vous rendre tesmoignage du merite d'vn Officier de vos Troupes, y ayant si peu d'affinité entre sa profession & la mienne. S'il y a moyen, ie ne veux rien faire de ridicule. I'enferme mon iugement dans les bornes de mon art. Ie ne me mesle point de donner prix à des choses que ie n'entens point. Ie pense seulement,
Mon-

Monseigneur, que vous ne desaprouuerez pas la passion que i'ay pour vn homme, qui ne m'entretient que de vostre Histoire, & qui se console de plusieurs maux qu'il a soufferts, par le seul honneur qu'il a eu de seruir sous vous. Il y a dix mois que nous sommes sur cette matiere. Et ie trouue en luy vne admiration si intelligente de vostre vertu, tant de chaleur & tant de zele pour vostre gloire, que quand il ne seroit pas tout percé de coups, & qu'il ne pourroit pas monstrer ses blesseures d'Allemagne, & ses blesseures de Catalogne, ie ne sçaurois croire qu'il vaille peu, connoissant au point qu'il fait, ce que vous valez. C'est à tout le moins le tesmoignage que ie luy dois, & la reconnoissance qu'il a meritée de moy, pour les douces heures qu'il m'a fait passer par le recit de vos belles actions. Ie voudrois luy estre aussi vtile qu'en cela il m'a esté agreable. Mais ie ne puis rien dans le Monde, & ne sçay faire que des vœux dans le Desert. Ie sçay pourtant encore quelque autre chose : Iamais homme, Monseigneur, n'a sçeu mieux deuoir que moy, les graces que l'on fait à ses amis. Celui-cy n'a pas sujet d'estre fort content de sa fortune : Et pour moy, ne pouuant que luy en souhaitter vne meilleure, si vous le iugez digne de quelqu'vne de vos faueurs, ie la partageray volontiers auec luy, & ne seray pas moins que si ie la receuois moy-mesme,

MONSEIGNEVR,

Le 21. Ianuier 1647.

Voſtre, &c.

A MONSIEVR
Conrart, Conseiller & Secretaire du Roy.

LETTRE XXVIII.

MONSIEVR,

Ma mauuaise santé s'estant opposée iusques icy à mes bons desseins, il ne m'a pas esté possible de vous rendre plustost ce deuoir, ni de vous donner aduis dés le mois de May, que i'ay reçeu les Sermons de Monsieur Daillé & les Discours de Monfieur Defcartes. L'vn & l'autre m'ont efcrit des ciuilitez fi obligeantes, & m'ont loüé auec tant d'excés, qu'il n'y a que mon feul nom qui m'appartienne dans leurs belles lettres. Ie ne m'y reconnois que par là ; & fans doute la grande opinion que ces deux grands Perfonnages ont conçeuë de moy, leur fera vn iour reprochée par leurs Aduerfaires. Ce fera vne des erreurs de voftre excellent Heretique, & vne des beveuës de mon admirable Faifeur de lunettes. Ie n'ay garde, Monfieur, quoy que vous me puiffiez dire, de iuger de cettui-cy. Ie fçay qu'il ne voit que le Ciel au dessus de sa raison, & que la Souueraineté n'a point de Iuge. Depuis qu'il me dit que que si ie voulois, il me formeroit vn Fantosme en vingt-quatre heures, par la seule operation de son innocente sçience, & sans l'employ des mauuais Demons, ie creûs dés lors que son esprit n'estoit pas de mesme ordre que le mien, & que c'estoit vn Heros, sçachant bien que ce n'estoit pas vn Charlatan. Mais donnerons-nous ce mauuais nom à nostre ★ ★ ★ ? Ie ne prononce point non plus là-dessus. Ie crains seulement qu'il ait moins d'authorité que de zele, & que les Parties ne luy deferent pas assez, pour trouuer bon qu'il se soit fait leur Arbitre de bonne volonté, & sans en estre prié de personne ★★★. Ie suis sans reserue,

MONSIEVR,

Vostre, &c.

Le 14. Ianuier 1640.

A MONSIEVR
Coſtar.

LETTRE XXIX.

Monsievr,

I'ay employé Seneque & Boëce, le Pere Adam Ieſuite, & le Pere Eſtienne Capucin, pour me conſoler de voſtre abſence; Mais ie les ay employez inutilement. Il falloit que ce fuſt vous-meſme qui me miſſiez en eſtat de me paſſer quelque temps de vous, & me trouuaſfiez vn remede, pour le mal que vous m'auez fait en me quittant. Vous venez de me rendre cét office d'vne admirable maniere; Et apres la belle lettre que i'ay reçeuë, bien loin de demeurer affligé, ie ne puis plus empefcher ma ioye, de deuenir infolente. C'eſt vn extréme mal-heur que d'eſtre feparé de vous; Mais c'eſt vne fouueraine felicité que d'auoir tant de part en voſtre eſprit & en voſtre cœur; Et cette glorieufe nouuelle me rauit de telle forte, qu'auiourd'huy ie n'ay pas moins befoin de moderation que i'auois befoin de conſtance il y a trois iours. Si Monsieur de la Thibaudiere n'estoit porteur de ces veritez, ie les estendrois plus au long, & les embellirois de plus d'ornement. Mais il veut luy-mesme vous les desplier, & ie me fie bien plus en sa Rhetorique qu'en la mienne. Il ne faut, à mon aduis, ni de l'vne, ni de l'autre, pour vous persuader que ie suis parfaitement,

MONSIEVR,

Vostre, &c.

Le 1. Octobre 1643.

A MADAME
la Comtesse de Brienne.

LETTRE XXX.

Madame,

Il n'est point de lieu si reculé où la reputation de vostre vertu ne soit arriuée. La voix publique m'en vient entretenir iusques au Desert, & toute la France est en cela l'Echo de Paris. Tout le monde vous appelle la Bonne & la Bien-faisante de la Cour, & vous n'estes pas moins connuë par ces noms aymables, que par le nom illustre que vous portez. C'est ce qui m'empesche, Madame, d'employer de l'art, & de chercher vn long circuit de paroles, pour vous demander ce que vous ne me sçauriez refuser. Vostre protection est asseurée, non seulement au Merite, mais aussi à quelque chose qui luy ressemble ; Et vous l'auez auoüé à Monsieur l'Abbé de Sainct Nicolas, il y a quelque chose qui vous plaist, ou qui vous trompe dans mes Escrits. Ceux que mon Amy vous presentera de ma part, ont esté desia veus au

lieu où vous estes, mais si malades & si deschirez, qu'on me mande qu'ils me feroient grand pitié en cét estat-là. I'ay peur qu'ils auront offensé les yeux de Madame la Princesse, s'ils ont paru deuant elle, auec ces blessures, & dans ce desordre; & ie voudrois bien qu'elle vouluft les reuoir en meilleur & plus honneste equipage. Vous pouuez me rendre ce bon office, en luy communiquant l'exemplaire que ie vous enuoye. Ie vous supplie tres-humblement de me faire cette faueur, & de me croire,
MADAME,
    Vostre, &c.

Le 14. Decembre 1644.

A MADAME
du Maſſés.

LETTRE XXXI.

MADAME,

Ie voy bien que vous ne me voulez rien deuoir. Le preſent que ie vous ay fait, a eſté payé plus qu'il ne vaut, par le remerciement que i'en ay reçeu, & ce n'eſt plus vous qui eſtes obligée, c'eſt moy qui ſuis inſoluable. En effet, que vous ſçaurois-ie rendre pour toutes les bontez de voſtre lettre? Pour tant de rareté, d'excellence & de perfection que vous me donnez? Quand i'aurois parlé des perles, comme on dit chez nos voiſins, vous les auez achetées trop cher, en loüant mes paroles auec cét excés. Il ne tiendra pas à vous que le ſimple & le prouincial de mes Eſcrits ne ſoit preferé au poly & au courtiſan des Eſcrits des autres: L'ouurage d'vn Ruſtique aura place chez les Rois, & ſera conſerué dans leur threſor, ſi on vous en demande voſtre opinion: Si vous en eſtes creuë, on m'aiouſtera aux Vies de Plutarque. Ie suis assez Illustre, Madame, par l'estime que vous faites de moy, & mon ouurage est trop heureux de loger dans vostre Cabinet, & d'estre quelquefois entre vos mains. Pleust à Dieu qu'il vous pust diuertir agreablement ; Mais quels souhaits ne ferois-ie point, pour vous pouuoir plaire en quelque occasion plus importante, & vous tesmoigner par mes respects & par mon obeïssance que ie suis,

MADAME,

Vostre, &c.

Du 17. Aoust 1644.

A MONSIEVR
de Couurelles.

LETTRE XXXII.

MONSIEVR,
Ce n'est pas estre mort au Monde que de viure en vostre souuenir, mais c'est viure glorieusement que d'estre loüé dans le Cabinet de Madame Desloges, par vous & par Monsieur de Borstel. Il n'est point de Vertu si ambitieuse, qui osast en desirer dauantage, ni qui

vouluſt choiſir pour le iour de ſon Couronnement, vn autre lieu & d'autres perſonnes. Ie voy donc bien que ie fus traité auec plus de grace que de iuſtice, & ie trouue ma recompenſe ſi au-deſſus de la mediocrité de mon merite, que ie confeſſe vous deuoir tout ce que vous croyez m'auoir rendu. Ce n'eſt pas de cela pourtant que ie vous ſuis le plus obligé. Quelque honneur que i'aye reçeu d'vne bouche ſi eloquente que la voſtre, vos paroles me plaiſent bien dauantage, quand elles gueriſſent que quand elles louënt, & ie vous remercie bien de meilleur cœur de la cure de noſtre excellente Malade, que de mon Panegyrique. Vous connoiſſant au point que ie fais, ie ne puis pas douter de la verité de ce Miracle; & ie ſçay il y a long-temps par experience, que vous-vous meſlez de faire des choſes extraordinaires. Ie n'en pouuois plus ſur le chemin de Poitiers, lors que vous m'apparuſtes heureuſement, pour me ſecourir, & il me ſemble que de m'auoir délaſſé en vn inſtant, & de m'auoir fait trouuer des delices dans vne mauuaiſe hoſtellerie, n'eſt gueres moins que d'auoir chaſſé la fieure lente, & d'auoir donné de la conſolation à vne

Affligée. Apres cela, pourquoy parlez-vous de la force de mon ſtile, & de la vertu de mes Eſcrits, vous qui agiſſez ſi efficacement dans voſtre plus familiere conuerſation, & dont chaque mot eſt vn remede ? Seroit-il poſſible que vous gouſtaſſiez du Latin, conçeu dans la barbarie de mon village, à huit iournées de la Galerie de Monſieur de Thou, & dix-huit ſiecles apres la mort de Ciceron ? Ie ne ſçay ſi ie ſuis Got ou Romain, ou ſi c'eſt jargon ou langage que ie debite : Mais ie ſçay bien que vous eſtes parfaitement obligeant, & que vous eſtimez iuſqu'à la bonne

intention de ceux qui font mal.
Ie n'ay rien à vous dire là-deſſus,
ſinon que vous n'applaudirez
iamais à mauuais Acteur, qui
vous honore plus que ie fais, ni
qui ſoit auec plus de paſſion
que ie ſuis,

MONSIEVR,

Voſtre, &c.

Le 10. Aouſt 1638.

A MONSIEVR de Borstel.

LETTRE XXXIII.

MONSIEVR,
Mon silence de deux ans a esté vn effet de plusieurs mauuaises causes. Il y est entré du chagrin & de la douleur; Il y a eu vn peu de desbauche meslé parmy, beaucoup de paresse, & quelques affaires. Vn autre que vous, trouueroit estrange que ie misse les affaires au nom-

bre des maux. Mais puis-que vous le fuyez iufqu'au bout du Monde, & que le loifir du Defert vous femble plus beau que les plus dignes employs de la Cour, ie ne dois point craindre de vous defcouurir mon inclination, que voftre exemple a iuftifiée. Vous m'auez obligé, Monfieur, des foins que vous auez pris, de me faire fçauoir au vray ce que ie ne fçauois que par oüy-dire. Quelque mal-né que foit le fils du Roulier, c'eft vn illuftre Maraud, & ie le confidere comme le Ventidius de noftre Siecle. Ce Ventidius qui battit les Parthes en plufieurs iournées, & tira raifon des affrons que les Romains en auoient reçeus, estoit monté de la Seruitude au Commandedement, par les mesmes degrez que celui-cy, & on chantoit de luy à Rome ce Vaudeuille,

Concurrite omnes Augures Haruspices,
Portentum inusitatum conflatum est recens,
Nam mulos qui fricabat, Consul factus est.

Il faut auouër que vous penetrez bien auant dans la verité des choses. J'admire les Relations que vous m'auez enuoyées : Et qui eust crû il y a dix ans, que le Limousin fust deuenu aussi poly & aussi politique que la Toscane?

O fertiles Deserts, &c. Continuëz à me faire part des fruits qui naissent dans ces arides sablons, que vous auez si bien cultiuez. Souuenez-vous de ma pauureté parmy vos richesses, mais ne doutez iamais, s'il vous plaist, que ie ne sois toujours auec beaucoup de reconnoissance,

MONSIEVR,

Vostre, &c.

Le 28. Decembre 1639.

A MONSEIGNEVR
l'Euesque de Grasse.

LETTRE XXXIV.

MONSEIGNEVR,

Ie ne suis plus du nombre des Poëtes profanes. La Silue Chrestienne est acheuée, & peut-estre que vous ne serez pas fasché de vous y voir, sous le nom de *Gratius*. Si vous aymez mieux celuy de *Daphnis*, il n'est rien si aisé que de changer l'vn pour l'autre; & cela se peut, sans que la mesure du vers en patisse:

Nulla hic syllaba contumax repugnat.

Au reste, mes vers ne sont point interessez, & quand ie vous loue, ce n'est point vn commerce de complimens que i'exerce: Ce ne sont point des louänges que ie troque pour d'autres louänges. Ce n'est pas mesme vn acte de gratitude que ie rends, apres les faueurs que i'ay receuës. Ces faueurs m'obligent à la verité sensiblement, & la pensée que vous auez euë de faire cent lieuës pour me voir, remplit de gloire tout mon Desert. Mais quand vous auriez censuré l'Autheur, de qui vous faites l'Eloge; & que vous me chasseriez par vos foudres d'auprés de vous, bien-loin de me venir visiter chez-moy, estant tres-persuadé de vostre Vertu, ie l'estimerois toujours tres-parfaitement. Il faudroit d'ailleurs, que ie combattisse mon inclination, & que ie me fisse plus de violence que vous ne me sçauriez faire de mal, pour n'estre pas toute ma vie, de toute mon ame,

MONSEIGNEVR,

      Vostre, &c.

Le 12. Auril 1639.

A MONSIEVR
de Bois-robert Metel,
Abbé de Chastillon.

LETTRE XXXV.

MONSIEVR,
Toutes choses meurent, & sont suiettes à corruption, c'est vne loy generale. : Mais vous auez des affections qui sont priuilegiées. Elles ne connoissent point le declin : Elles se defendent de la vieillesse : Elles ne furent iamais plus viues ni plus

ardentes. Il m'a esté bien doux d'apprendre cette verité dans la lettre que vous m'auez fait l'honneur de m'escrire, & d'y voir que ie suis encore vostre fauory, apres vingt-cinq ans de faueur. Sans doute on nous proposera vn iour en exemple, & nous serons aioustez aux Fables & aux Histoires. Mais la belle chose que ce seroit, Monsieur, si les autres parties de nous-mesmes se pouuoient conseruer dans la mesme force que nostre amitié, & si la neige qui est tombée sur nostre teste, ne signifioit qu'il y a de la glace dans nos veines! Voila ce que nous coustent deux vertus, dont nous-nous passerions bien, *l'Experience & la Grauité.* En ce Monde il faut perdre en acquerant : On ne peut se faire respecter, sans se faire plaindre, & l'Epithete de Venerable est presque toujours accompagné de celuy d'Infirme. Pour moy, ie sens cette infirmité, autant de fois que i'ay besoin de vigueur, ie ne dis pas à courir & à lutter dans la lice, mais à cheminer le petit pas, & à faire quelques tours de nostre iardin. Tout mon feu s'est retiré au fonds de mon ame; où peut-estre ie vous pourrois dire qu'il est encore assez vif, pour y allumer des pensées de ioye, & pour me faire Poëte fur mes vieux iours. Vous me parlez de ma Profe, beaucoup plus auantageufement qu'elle ne merite: Mais vous ne me dites pas vn feul mot de cette nouuelle defcouuerte, que i'ay faite en mon efprit. Les Peres Bourbons & les Ambaffadeurs de Suede la trouuerent belle, & me donnerent courage de penetrer plus auant dans le païs. Vous aurez bien-toft voftre part des raretez qui y croiffent, & que i'en ay apportées depuis quelque temps: Mais toute voftre part ne doit pas eftre confonduë auec celle du Public. Ie vous promets plus que cela. Il ne fe fera

fera point de debit de mon Latin, que *Metellus* n'y prenne son droit, & que vous ne vous trouuiez chez Balzac, en auſſi groſſe lettre que chez Horace, où vous auez veu plus d'vne fois,

Motum ex Metello Conſule Ciuicum.

Le Prelat vaut bien le Conſul : Et y a-t-il rien que ie ne doiue à vne affection ſi conſtante & ſi pure que la voſtre ? Ie ſuis,

MONSIEVR,

Le 26. Decembre 1644.

Voſtre, &c.

A MONSIEVR
de Scudery.

LETTRE XXXVI.

MONSIEVR,

Tout ce qui sort de vos mains, tout ce qui porte vostre nom, est precieux. Vostre souuenir est obligeant en toutes façons. Dans vn billet escrit à vn autre; dans la simplicité d'vne subite pensée; excité mesme par quelque hazard, il m'auroit esté extrémement cher. Ie vous laisse à penser auec quelle ioye ie l'ay reçeu, estant enrichy d'vne infinité d'ornemens, & accompagné d'vne eloquente Preface, que i'ay trouué suiuie d'vn excellent Poëme. Si ce Poëme est le dernier present que vous vouliez faire au Theatre, comme vous nous en faites peur, vous ne pouuiez pas prendre congé du Peuple, par vn Adieu plus remarquable que celuy-là, ni qui vous en fist plus regretter. Ie souscris generalement à ce qui en a esté dit dans la Preface. Et i'y aiouste, Monsieur, que vostre *Arminius* n'est pas seulement vostre Chef-d'œuure, mais qu'il est aussi Chef-d'œuure de l'Art, & qu'il fera honneur à nos Muses, & donnera de la ialousie à leurs voisines. I'aioustes encore que c'est vn enfant, qui marque le lieu d'où il est venu, & se sent du courage de son pere. La simple imitation, & la force empruntée de la matiere ne vont pas si haut. Il y a icy quelque chose de naturel & de propre; Et ce n'estoit pas assez d'estre habile & homme d'esprit, il falloit estre braue & homme de cœur, pour faire parler si noblement Germanicus & Arminius. Vn Autheur qui viuoit de leur temps, a rendu ce tesmoignage du dernier.

Iuuenis genere nobilis, manu fortis, sensu celer, ultra Barbarum promptus ingenio, nomine Arminius, Segimiri Principis gentis eius filius, ardorem animi vultu oculisque præferens, assiduus militiæ nostræ prioris comes, & iam ciuitatis Romanæ ius equestremque consequutus gradum, segnitia Ducis in occasionem sceleris usus est, haud imprudenter speculatus neminem celerius opprimi quam qui nihil timeret, & frequentissimum initium esse calamitatis securitatem.

Dans ce passage *Arminius* est le fils de *Segimire*: Et si cela est, quelque Grammairien pointilleux ne vous pourroit-il point dire que du pere d'Arminius vous en auez fait sa belle sœur? Mais outre qu'il y a certains noms qui sont communs à l'vn & à l'autre sexe, comme *Hyppolite*, *Anne*, &c. vous auez sans doute vn fondement historique, pour opposer à cette legere obiection. Elle m'a esté faite par vn homme qui ne laisse pas de vous estimer parfaitement, & ie vous l'enuoye sans l'auoir examinée. Ie seray toujours de vostre aduis, & toujours de toute mon ame,

MONSIEVR,

Vostre, &c.

Le 16. Auril 1643.

A MONSIEVR de Lorme, Conseiller du Roy en ses Conseils, & Medecin ordinaire de sa Majesté.

LETTRE XXXVII.

MONSIEVR,

I'ay trouué tres-belle la Medaille d'argent, dans laquelle vous ressuscitez Hyppolite, auec ces trois mots, DÎS GENITI POTVERE. Mais ie souſtiens de plus, que le nom de Demydieu ne vous sçauroit estre contesté, que par ceux qui ignorent le merite de Monsieur vostre Pere, & la noblesse de vostre sçience. Le bon Seigneur, dont vous me parlez, ne sçait pas qu'outre Apollon & Esculape son Fils, il y a eu en Grece vn *Hercule Medecin*. Petrus Mommor l'appelle en François *Alexicaque*, & on le voit encore auiourd'huy dans les Tapisseries de Clement Alexandrin. Mais le bon Seigneur ne se sert que des Tapisseries de Flandres, ou de celles des Gobelins, & ne connoist point d'autre Hercule que celuy qui porte vne maſſuë & vne peau de lion. Le Medecin Demydieu, dont il s'agit, auoit vn remede infaillible, pour faire paſſer les paſles couleurs & la iauniſſe en moins de vingt-quatre heures. Il ne ſe contentoit pas de donner aux Dames de la ſanté & de l'embonpoint, il leur inſpiroit encore de la ieuneſſe & de la beauté. Ce fut luy qui guerit la Reyne Alceſte d'vne maladie, que la Faculté de Monpellier auoit iugée incurable : Et ie vous allegue particulierement ce qu'il faiſoit pour les femmes, parce que ie ſçay que vous ſecourez plus volontiers, auſſi bien que luy, le ſexe le plus delicat & le plus infirme. Mais Hercule m'a fait oublier Hyppolite, & i'ay employé à commenter voſtre Medaille, le morceau de papier, dans lequel ie vous en voulois remercier. Ie n'en ay de reſte, Monſieur, que pour vous aſſeurer que ie ſuis toujours parfaitement,

Voſtre, &c.

Le 12. Aouſt 1639.

A MONSIEVR
Girard, Official & Chanoine d'Angoulesme.

LETTRE XXXVIII.

MONSIEVR,

Il faut auouër que Mademoiselle de Schurman est vne merueilleuse Fille, & que ses Vers ne sont pas les moindres de ses merueilles. Ie ne pense pas que cette Sulpitia, que Martial a si hautement loüée, en fist de plus beaux, ni de plus Latins. Mais qu'il y a de pudeur & d'honnesteté parmy les graces & les beautez de ses Vers! Que la vertu de son ame se mesle agreablement dans les productions de son esprit! Ie vous suis bien obligé de m'auoir fait connoistre cette merueilleuse Fille, & de m'auoir enuoyé auec ses Epigrammes, l'eloquente lettre de Monsieur Naudé. Ie vous renuoye le tout par mon homme, qui seroit party dés hier, sans vne fortune qui m'est arriuée, pour rendre plus que ie n'ay reçeu. Sur le point que ie vous allois escrire, on m'apporta vn Liure nouueau, duquel ayant voulu lire la Preface, voicy ce que i'y ay trouué,

Habemus in vrbe vnius diei itinere hinc dissita, virginem nobilem, haud minus quam Hippian numerosa arte multisciam, & tanto magis eo nomine mirandam, quod in hunc sexum rarius cadit tanta ingenij fœcunditas, tanta artium copia, cum omnes calleat, tot virtutum coniunctio, cum nulla careat. Quæcunque manu confici & mente concipi possunt, tenet vna. Sic pingit vt nemo melius. Sculpit, fingit ex ære, ex cera, ex ligno similiter. In phrygionica arte, & in omnibus quæ muliebrium sunt curarum &

operum, omnes antiquas & hodiernas prouocat ac vincit mulieres. Tot vero doctrinarum dotibus instructa est, vt nescias in qua magis antistet. Tot linguarum donis ornata est, vt non contenta Europæis, in Orientem vsque, studio & industria peruolarit, comparatura ibi Hebraicas, & Arabicas, Syriacasque, quas adiungeret iam quæsitis. Latinè ita scribit, vt virorum qui tota vita hanc elegantiam affectarunt, nemo politius. Gallicas Epistolas tales concinnat, vt vix meliores Balzacius. Cæteris in Europa vsitatis linguis æque bene vtitur ac illi quibus sunt vernaculæ. Cum Iudæis Hebraice, cum Saracenis Arabice, poteſt commercium habere litterarum. Etiam viris arduas & ſpinoſas ſcientias ita tractat, Philoſophiam nempe ſcholaſticam & Theologiam, vt omnes ſtupeant quia prodigio ſimilis res eſt, nemo æmuletur quia nemo poteſt imitari, nullus etiam inuideat, quia ſupra inuidiam ipſa eſt.

Si Monſieur de Saumaiſe eſt autheur du Liure & de la Preface, comme on me le mande, quand il s'en fera vne ſeconde Edition, ie le prieray qu'au lieu de *Gallicas Epiſtolas tales concinnat, vt vix meliores Balzacius,* il face mettre *multo minus bo-*

nas & minus Gallicas Balzacius. Ie croiray encore estre trop honnoré de ce temperament que i'apporte à mon honneur. Il y a de la gloire à estre si prés d'vne si excellente personne, de quelque façon qu'on y puisse estre, & dans vne comparaison comme celle-là, le desauantage mesme est obligeant. I'attens par mon homme les Inscriptions de Gruterus, & le Chrysostome du Pere Fronton. C'est

MONSIEVR,

Vostre, &c.

Le 15. May 1646.

FIN.

TABLE DES LETTRES
de la premiere Partie.

LIVRE PREMIER.

A Monsieur de Saint-Chartres, Conseiller du Roy au grand Conseil. Lettre 1. Page 1.
A Monsieur de Bois-robert Metel, Abbé de Chastillon.   L. 2. P. 7.
A Monsieur du Puy, Conseiller du Roy en ses Conseils.   L. 3. P. 12.
A Monsieur d'Argenson, Conseiller du Roy en ses Conseils, Intendant de
s ſ

TABLE

la Iustice, &c.   L. 4. P. 18.

A Monsieur l'Abbé Talon. L. 5 P. 22.

A Monsieur de la Nauue, Enseigne de la Compagnie des Gendarmes de la Reine.   L. 6. P. 26.

A Monsieur de Gomberuille. L. 7. P. 30.

A Monsieur de Belleioye. L. 8. P. 35.

A Monsieur de Clairuille. L. 9. P. 40.

A Monsieur de Bois-robert Metel, Abbé de Chastillon. L. 10. P. 44.

A Monsieur de Bois-robert Metel, Abbé de Chastillon. L. 11. P. 49.

A Monsieur de Bonair. L. 12. P. 53.

A Monsieur de Bonair. L. 13. P. 56.

A Monseigneur Bouthillier, Surintendant des Finances. L. 14. P. 61.

A Monseigneur Bouthillier, Surintendant des Finances. L. 15. P. 67.

A Madame de Villesauin. L. 17. P. 75.

A Madame de Villesauin. L. 16.

DES LETTRES.

P. 71.

A Madame du Bourdet. L. 18. P. 79.

A Monsieur de la Thibaudiere. L. 19. P. 86.

A Monsieur de Priezac, Conseiller du Roy en ses Conseils d'Estat & Priué.   L. 20. P. 93.

A Monsieur de ****. L. 21. P. 97.

A Monseigneur l'Euesque d'Angoulesme, Grand Aumosnier, &c. L. 22. P. 102.

A Monsieur de Lorme, Conseiller du Roy en ses Conseils, & Medecin de sa Maiesté.   L. 23. P. 105.

A Monsieur de Zuylichem, Conseiller & Secretaire des, &c. L. 24. P. 110.

A Monsieur le President de Pontac. L. 25. P. 117.

A Monsieur le President de Pontac. L. 26. P. 123.

TABLE

A Monsieur le Maire d'Angoulesme. L. 27. P. 127.

A Monsieur de Villemontée, Conseiller du Roy en ses Conseils, Intendant de la Iustice, &c.   L. 28. P. 132.

A Monsieur de la Thibaudiere. L. 29. P. 137.

LIVRE DEVXIESME.

A Monsieur de ***. L. 1. P. 141.

A Monsieur L'Huillier, Conseiller du Roy en ses Conseils. L. 2. P. 150.

A Monsieur de Bayers. L. 3. P. 165.

A Monsieur de Villemontée, Conseiller du Roy en ses Conseils, Intendant de la Iustice, &c.   L. 4. P. 169.

DES LETTRES.

A Monsieur de Lymerac de Mayat, Capitaine, &c.   L. 5. P. 175.

A Monsieur de Priezac, Conseiller du Roy en ses Conseils, &c.   L. 6. P. 179.

A Monsieur de Couurelles.   L. 7. P. 183.

A Monsieur L'Huillier, Conseiller du Roy en ses Conseils.   L. 8. P. 188.

A Madame des Loges.   L. 9. P. 192.

A Madame des Loges.   L. 10. P. 196.

A Monsieur de Borstel.   L. 11. P. 201.

A Monsieur Ménage.   L. 12. P. 204.

A Monsieur Ménage.   L. 13. P. 208.

A Monsieur Fremin, Conseiller du Roy, en ses Conseils, Intendant de la Iustice, &c.   L. 14. P. 214.

A Monsieur le Marquis de Montausier, &c.   L. 15. P. 220.

A Monseigneur l'Archeuesque de Corinthe, Coadiuteur de Paris.   L. 16.

TABLE

P. 225.

A Monsieur le President Maynard, Conseiller du Roy en ses Conseils. L. 17. P. 231.

A Monsieur Ménage. L. 18. P. 237.

A Monseigneur l'Euesque de Lisieux. L. 19. P. 241.

A Monsieur le Comte de la Motte Fenelon. L. 20. P. 245.

A Monsieur de Plassac Meré. L. 21. P. 250.

A Monsieur Conrart, Conseiller & Secretaire du Roy. L. 22. P. 256.

Au R. P. Hercule, Prouincial des Peres de la Doctrine Chrestienne. L. 23. P. 260.

A Monsieur le Cheualier de Meré. L. 24. P. 267.

A Monsieur de Saint Chartres, Conseiller du Roy au grand Conseil. L. 25. P. 270.

DES LETTRES.

Au R. P. de Marin, Theologien de la
Compagnie de Iesus. L. 26. P. 274.
Au R. P. Destrades, Theologien de la
Compagnie de Iesus. L. 27. P. 279.
A Madame la Marquise de Rambouillet. L. 28. P. 284.
A Monsieur Costar. L. 29. P. 295.
A Monsieur Costar. L. 30. P. 300.

LIVRE TROISIESME.

A Monsieur Ménage. L. 1. P. 303.
A Monsieur de ****. L. 2. P. 310.
A Monsieur Gombauld, Chantre de l'Eglise de Saintes. L. 3. P. 313.
Au R. P. Alemay, Theologien de la Compagnie de Iesus, &c. L. 4. P. 317.
Au R. P. Du Creux, Theologien de la

TABLE

Compagnie de Iesus, &c. L. 5. P. 324.

Au R. P. Estienne de Bourges Predicateur Capucin. L. 6. P. 329.

A Monsieur le Chevalier de Meré. L. 7. P. 332.

A Monsieur Colardeau, Procureur du Roy à Fontenay. L. 8. P. 336.

Au R. P. Tesseron, Theologien de la Compagnie de Iesus. L. 9. P. 340.

A Monsieur Perrot d'Ablancourt. L. 10. P. 344.

Au R. P. Adam, Predicateur de la Compagnie de Iesus. L. 11. P. 348.

A Monseigneur l'Euesque de Grasse. L. 12. P. 352.

A Monsieur l'Abbé Talon. L. 13. P. 356.

A Monsieur l'Abbé Bouchard. L. 14. P. 359.

Au R. P. Iosset, Theologien de la

DES LETTRES.

Compagnie de Iesus. L. 15. P. 362.

A Monsieur de Marca, Conseiller du Roy en ses Conseils, &c. L. 16. P. 368.

A Monsieur de Rampalle. L. 17. P. 376.

A Monsieur de la Chambre, Conseiller & Medecin du Roy, &c. L. 18. P. 380.

A Monsieur de Saumaise. L. 19. P. 390.

A Monsieur de Scudery. L. 20. P. 394.

A Monsieur Perrot d'Ablancourt. L. 21. P. 408.

Au R. P. Destrades, Theologien de la Compagnie de Iesus, &c. L. 22. P. 412.

A Monsieur de Borstel. L. 23. P. 418.

A Madame de Nesmond, Superieure des Vrsulines d'Angoulesme.

TABLE

L. 24. P. 422.

A Monseigneur l'Euesque de Grasse.
L. 25. P. 428.

A Monseigneur l'Euesque de Grasse.
L. 26. P. 432.

A Monsieur Maury, Docteur en Theologie.   L. 27. P. 435.

A Monsieur L'Huillier, Conseiller du Roy en ses Conseils, &c. L. 28. P. 440.

A Monsieur de Belleioye.   L. 29. P. 446.

A Monsieur Colardeau, Procureur du Roy à Fontenay. L. 30. P. 451.

A Monsieur de la Thibaudiere. L. 31. P. 455.

A Monsieur de la Thibaudiere. L. 32. P. 459.

A Monsieur de la Thibaudiere. L. 33. P. 462.

A Monsieur Conrart, Conseiller &

DES LETTRES.

Secretaire du Roy. L. 34. P. 465.
A Monsieur Conrart, Conseiller & Secretaire du Roy. L. 35. P. 468.

LIVRE QVATRIESME.

A Monsieur le President Mainard. L. 1. P. 471.
A Monsieur Girard, Secretaire de feu Monseigneur le Duc d'Espernon. L. 2. P. 475.
A Monsieur Girard, Secretaire de feu Monseigneur le Duc d'Espernon. L. 3. P. 481.
A Monsieur de Belleioye. L. 4. P. 485.
A Monsieur de Zuylichem, Conseiller & Secretaire des Commandemens de Monseigneur le Prince d'Orange. L. 5. P. 489.
A Monsieur de Campagnole, Lieute-

TABLE

nant au Regiment des Gardes du Roy. L. 6. P. 497.

A Monsieur Fauereau, Conseiller du Roy en la Cour des Aydes. L. 7. P. 501.

A Monsieur Fauereau, Conseiller du Roy en la Cour des Aydes. L. 8. P. 504.

A Monsieur de Lauaux Saint Iames, Recteur, &c. L. 9. P. 507.

Au R. P. Pierre André, Predicateur de l'Ordre de Saint Dominique. L. 10. P. 513.

Au R. P. Hercule, Prouincial des Peres de la Doctrine Chrestienne. L. 11. P. 517.

A Monseigneur le Marquis de Montausier, Gouuerneur & Lieutenant general, &c. L. 12. P. 522.

A Monsieur du Burg Aduocat en Parlement. L. 13. P. 527.

DES LETTRES.

A Monsieur Conrart, Conseiller & Secretaire du Roy. L. 14. P. 531.

A Monsieur L'Huillier, Conseiller du Roy en ses Conseils, &c. L. 15. P. 535.

A Monsieur le Comte de Ionsac, Lieutenant de Roy en Saintonge, &c. L. 16. P. 538.

A Monsieur Perrot d'Ablancourt. L. 17. P. 542.

Au R. P. Hercule, Prouincial des Peres de la Doctrine Chrestienne. L. 18. P. 546.

A Monsieur Ménage. L. 19. P. 552.

A Monsieur l'Abbé Talon. L. 20. P. 557.

A Monsieur de Montreüil, Capitaine au Regiment de la Meilleraye. L. 21. P. 561.

A Monseigneur l'Archeuesque de Tholose. L. 22. P. 565.

TABLE

A Monsieur le Marquis de la Case. L. 23. P. 571.

A Monsieur d'Argenson, Conseiller du Roy en ses Conseils, Intendant, &c. L. 24. P. 578.

A Monsieur Esprit. L. 25. P. 583.

A Monsieur de la Chetardie. L. 26. P. 587.

A Monseigneur le Marquis de Montausier, Gouuerneur & Lieutenant General, &c. L. 27. P. 591.

A Monsieur Conrart, Conseiller, & Secretaire du Roy. L. 28. P. 596.

A Monsieur Costar. L. 29. P. 600.

A Madame la Comtesse de Brienne. L. 30. P. 603.

A Madame du Massés. L. 31. P. 606.

A Monsieur de Couurelles. L. 32. P. 609.

A Monsieur de Borstel. L. 33. P. 614.

A Monseigneur l'Euesque de Grasse.

DES LETTRES.
L. 34. P. 618.
A Monsieur de Bois-robert Metel, Abbé de Chastillon. L. 35. P. 621.
A Monsieur de Scudery. L. 36. P. 626.
A Monsieur de Lorme, Conseiller du Roy en ses Conseils, & Medecin ordinaire de sa Maiesté. L. 37. P. 631.
A Monsieur Girard, Official & Chanoine d'Angoulesme. L. 38.

FIN.